Cartas para Claudia

Palabras de un psicoterapeuta
gestáltico a una amiga

JORGE BUCAY

Cartas para Claudia
Palabras de un psicoterapeuta
gestáltico a una amiga

OCEANO

CARTAS PARA CLAUDIA
Palabras de un psicoterapeuta gestáltico a una amiga

© MAGAZINES, S.A.
    Buenos Aires, Argentina

Para su comercialización exclusivamente
en México, Estados Unidos de Norteamérica,
Canadá, países de Centroamérica, países del Caribe,
Colombia, Venezuela, Ecuador y Perú:

D. R. © EDITORIAL OCEANO DE MÉXICO, S.A. de C.V.
    Eugenio Sue 59, Colonia Chapultepec Polanco
    Miguel Hidalgo, Código Postal 11560, México, D.F.
    ☎ 5282 0082   📠 5282 1944

PRIMERA EDICIÓN

ISBN 970-651-422-8

IMPRESO EN MÉXICO / PRINTED IN MEXICO

A mi hijo Demián

Índice

Yo hago lo mío y tú haces lo tuyo.
No estoy en este mundo para llenar tus expectativas.
Y tú no estás en este mundo para llenar las mías.
Tú eres tú y yo soy yo.
Y si por casualidad nos encontramos, es hermoso.
Si no, no puede remediarse.

Fritz Perls

Agradecimientos

Este libro nunca hubiera llegado a tus manos sin la colaboración de todas, repito: de todas las personas que he conocido en mi vida. Cada una de ellas ha dejado cosas suyas en mí que, de alguna manera, aparecen en cada frase, en cada palabra, en cada letra de estas cartas.

Quiero agradecer especialmente:

a July
a Cecilia
a Cacho
a Lita
a Susana
a Diana
a Roxana
y a Perla

Un punto aparte en este agradecimiento lo reservo para mis pacientes, en última instancia los verdaderos autores de este libro.

Todo lo que sigue ha sido aprendido de ellos, para ellos y por ellos...

Gracias.

Prólogo

No me resulta fácil escribir sobre este primer libro de Jorge Bucay. No soy crítica literaria, soy escritora, y me parece muy mediocre limitarme al tecnicismo literario y muy vanidoso adelantarles mi opinión sobre la obra. Mejor, lean lo que Jorge escribió. Sé que lo único valedero es expresar que, para mí, el libro de Jorge es Jorge. Elijo entonces escribir sobre lo que ES y sobre lo que SÉ.

Lo primero que me surge es una pregunta: ¿conozco a Jorge?

No. Sí conozco cosas de Jorge. ¿Puede alguien conocer a otro? No, ni siquiera es importante. Sólo puedo ir conociéndome a mí misma. Tampoco es importante. Es conveniente. ES. Y ahí entra Jorge.

Cuando Jorge, después de varias "vueltas", me dijo que quería aprender conmigo (hace de esto muchos años o, tal vez mejor, muchas vidas) sentí que lo veía a Jorge en su futuro, o sea en su hoy.

...Y comenzamos nuestro camino en el hospital. Lo extraño es que ni él ni yo teníamos mucho que ver con hospitales (o tal vez sí en aquel momento).

En el camino que recorrimos juntos, sé que me conocí más y mejor. Y así, conociéndome, surgió la magia

17

de SABERLO a Jorge. Conocerlo dejó entonces de tener validez. Cada vez que nos encontramos (y digo en-contramos), es otro Jorge: uno que no conozco y sí lo SÉ.

No puedo limitar a Jorge: ni a su nombre, ni a un cúmulo de palabras, que de todas maneras no alcanzarían; porque las sensaciones y la sabiduría de algo, al menos yo, no las sé escribir. Tal vez lo único que sé es que escribir sobre Jorge está relacionado con el amor.

Juntos hemos recorrido los más insólitos caminos del amor, o mejor dicho del A-M-O-R. Desde las formas más perversas hasta las más tiernas. Siempre creando. También nada.

...Por momentos, fuimos Jorge y July y por momentos fuimos Jorge con July, por momentos Jorgejuly y por momentos Jorge----------July. Aun en nuestros silencios o en nuestras distancias, nos sabemos.

No quedó emoción, sensación o afecto que no hayamos vivido. Sólo los que conocen el AMOR sabrán de qué hablo, y aquellos que en su vida sólo llegaron a aprender algunas técnicas de coito, dejarán volar sus mundanas y mediocres fantasías gastando inútilmente tanta energía mental. Sin embargo, prefiero otorgarles el derecho a la duda.

Jorge fue para mí más que un hijo, porque además lo elegí. Y digo fue porque ahora, ahora es independiente. Me hace feliz verlo andar por sí mismo y a la vez me encuentro con el sentimiento opuesto y encontrado y simultáneo de la nostalgia que me provoca que el hijo ya no sea hijo. Creo que lo vivo más como mi trascendencia, en parte resuelta, enriquecida por las contradicciones y el acuerdo de los desacuerdos entre él y yo.

Una vez más, quiero pedirle a Jorge que sepa disculpar el que yo haya nacido antes que él. Jorge siempre puso mucha rabia en ello (y yo también) y aunque hoy ya no tiene peso, siento que le sirvió.

Creo que nuestra historia compartida se apoyó más en lo delirante de la locura creativa que en la mediocre lucidez de la cordura. Sin embargo, de ambas cosas (pues las tenemos) disfrutamos con intensidad.

No entiendo qué quiere decir "tener talento". Sé que Jorge lo tiene. Este libro es un desafío que —afortunadamente para nosotros—se permitió para testimoniar su propio crecimiento creativo, empezando por apoyarse en una imaginaria tercera persona, hasta llegar a comprometerse plena y profundamente (como se compromete Jorge) con su profundo SÍ MISMO.

Ahora sí, si me permiten, una sugerencia a los lectores: lean este libro dos veces al menos. La primera, como se lee todo libro, es decir, del principio al fin. Luego reléanlo deteniéndose para profundizar en las ideas, sensaciones y conceptos que Jorge expresa a través de las palabras escritas. Sé que más que un libro de Jorge Bucay, éste es un conjunto de mensajes para muchos; porque ésta es otra de las formas de comunicación que tiene Jorge. A él, como a mí, como a otros, no le alcanzan las formas comunes de expresión y entonces nos salimos de plano (como dicen los pintores), para encontrarnos en el andar de la vida haciendo caminos, infinitas formas de comunicar y dar lo que tenemos.

Así es Jorge.

Así es su libro...

Zulema Leonor, "July", Saslavsky

Prólogo del autor

Querido lector:

Ignoro qué te lleva a leer este libro: si el título, el aburrimiento, la curiosidad, una actitud autocastigadora, vaya a saber... De todas maneras, quiero decirte desde ahora que este libro no fue escrito para ti. Este libro fue escrito para mí mismo.

Algunas personas con quienes he compartido el manuscrito creyeron que podría serte útil. Y aquí está.

Habitan estas páginas más de tres años de mi vida. Y durante esos años, estas cartas se han hecho muy importantes para mí. Confieso que me gustaría mucho que disfrutaras el libro, que te sirviera y, sobre todo, que algo te pase cuando lo leas...

Ahora quiero pedirte que transites con lentitud lo que digo, que mastiques cada frase, que las desmenuces agresivamente, que tomes lo que te sirva y por último, por favor, que descartes el resto.

Quizá, como alguna vez dijo Bernard Shaw, termines juzgando que "éste es un libro bueno y original, sólo que lo que tiene de bueno no es original y lo que tiene de original no es bueno".

Si pese a todo esto decides seguir leyendo, entonces ya eres parte de este libro y tu opinión me importa.

Jorge M. Bucay

Tucumán 2430 4° "J"
Código Postal 1052
Buenos Aires, Argentina
hamacom@hotmail.com

Prólogo del autor para la tercera edición

En esta tercera edición de *Cartas para Claudia,* me he dado unos cuantos lujos. El primero y más importante lujito es el de no corregir todos aquellos conceptos que, vertidos cuando se escribió el original, ya no comparto.

El segundo lujo es agregar a esta edición algunas cosas que no dije, no pensé o no sabía en aquel entonces.

El tercer lujo es el de aparecer en *esta* edición que está en tus manos, lector, y que, al ser reeditada tiene una calidad muy diferente a la de aquella primera que, con recursos de mi bolsillo (y el de algunos seres queridos), publiqué en 1986.

Finalmente, me doy el lujo de agradecerte, queridísimo lector, los cientos de cartas que recibí respondiendo a mi invitación del primer prólogo. Disfruté letra por letra de cada una de ellas, disfruté las críticas y, para qué negarlo, disfruté los halagos. Mucho me gustaría que empuñaras el lápiz otra vez (porque siempre eres un lector para mí) y nuevamente me escribieras.

En retribución a tantos lujos, quiero compartir contigo un texto cortito y significativo. Lo escribí entre aquella primera edición y esta lujosa tercera. Ojalá lo disfrutes porque esto que sigue es, para mí, lo mejor que yo conseguí escribir en toda mi vida. Es mi manera de definir el amor entre dos amigos, el amor entre hermanos, el amor entre padres e hijos, el amor en una pareja, el amor...

Quiero que me oigas sin juzgarme.
Quiero que opines sin aconsejarme.
Quiero que confíes en mí sin exigirme.
Quiero que me ayudes sin intentar decidir por mí.
Quiero que me cuides sin anularme.
Quiero que me mires sin proyectar tus cosas en mí.
Quiero que me abraces sin asfixiarme.
Quiero que me animes sin empujarme.
Quiero que me sostengas sin hacerte cargo de mí.
Quiero que me protejas sin mentiras.
Quiero que te acerques sin invadirme.
Quiero que conozcas las cosas mías que más
te disgusten.
Quiero que las aceptes y no pretendas cambiarlas.
Quiero que sepas que HOY cuentas conmigo...

Sin condiciones.

Jorge M. Bucay

Introducción

En el año 1923 Georg Groddeck, antes de tener profundo contacto con la teoría freudiana, publicó *El libro del Ello.*

El libro estaba escrito en forma de cartas que supuestamente enviaba un psicoterapeuta a una amiga. Este terapeuta imaginario se llamaba, en el libro de Groddeck, Patrick Troll.

Medio siglo después, casi accidentalmente, me topé yo mismo con Groddeck, con Troll y con *El libro del Ello.* He leído ese libro decenas de veces y siempre encuentro algo bueno, algo nuevo, algo que me sirve; y siempre obtengo placer en releerlo.

Hace unos años, durante una de mis incursiones fascinantes en *El libro del Ello,* se me ocurrió fantasear...

¿Qué escribiría Groddeck en la década de los ochenta si planeara un nuevo libro? ¿Serían sus conceptos tan psicoanalíticos?

En mi fantasía, me contesté que *no.*

Y seguí...

Groddeck ha muerto y Patrick Troll murió con él.

¿Qué cartas escribiría hoy un descendiente de aquel imaginario Patrick Troll?

Para este momento, mis ganas de encontrarme con ese libro crecían rápidamente.

Una noche de noviembre de 1982 me senté frente a un cuaderno y sin pensar demasiado —porque no lo hago muy bien— me puse a escribir la primera carta de ese libro fantaseado.

Podría repetir hoy los pensamiento de aquella noche: ...Imagino que soy un descendiente de Georg Groddeck (¿acaso de alguna manera no lo soy?)... o mejor, un descendiente de Patrick Troll, aquel maravilloso terapeuta de *El libro del Ello*... Imagino que le escribo a una expaciente... ahora gran amiga... ella se ha ido... está lejos... aun así yo la recuerdo vívidamente... se llama... se llama Claudia... como mi hija... quizá más que eso... quizá esta Claudia sea en realidad la Claudia que será mi hija dentro de pocos años... "Claudia: cierro lo ojos y te veo..."

Cuando terminé de escribir esa primera carta, encendí un cigarro y la leí tratando de olvidar que era mía (hoy me pregunto si lo era)...

Me encantó.

Me di cuenta de que había hecho algo muy placentero.

Me di cuenta de lo útil que era, para mí, escribir.

Y seguí...

Las cartas salieron de mí con fluidez, una tras otra.

Y aquí están.

La única ficción en este libro es mi parentesco con Patrick Troll. Los demás hechos, todos ellos, pertenecen a mi vida y los conceptos que aquí afirmo son verdaderos para mí o, dicho con más precisión, lo eran cuando estas cartas fueron escritas.

Carta 1

Claudia:

Cierro los ojos y te veo. Con tu misma mirada escrutadora, tu pícara sonrisa, tu rostro inteligente y hermoso.

¡Qué agradable recibir tu carta! ¿Cuánto hace que te fuiste del país? ¿Dos años, tres? A veces, me parecen siglos y otras, tengo la sensación de que fue ayer cuando te vi subir al avión rumbo a una nueva etapa de tu vida...

¿Te acuerdas? Ese día, en nuestra despedida, te regalé *El libro del Ello*. En la primera página te escribí: "La salud consiste solamente en darse cuenta de que lo que es, es".

Bien... es cierto, ese Patrick Troll que firma las cartas del libro era mi bisabuelo paterno. Como de costumbre, tu capacidad asociativa y tu intuición funcionan a las mil maravillas. Siempre creí que este "conocimiento" que tienes de las cosas es uno de tus más encantadores dones.

Mientras escribo esto, aparece ante mí la imagen de mi bisabuelo. Envidio su talento, su brillantez, su originalidad y, sobre todo, su capacidad creativa.

Es maravilloso leer sus cartas y darse cuenta de

que todo eso fue escrito prácticamente sin tener conocimientos de las teorías freudianas respecto de la estructura de la personalidad, el inconsciente o el psicoanálisis mismo.

Para su época, el bisabuelo era un precursor, un *agente de cambio*. Sus apreciaciones —indudablemente psicoanalíticas, aunque él no lo supiera o se empeñara en negarlo— eran, en ese momento, otro de los símbolos de la transición entre la era victoriana y el comienzo de la era industrial.

Lo revolucionario de la teoría psicoanalítica fue de tal magnitud que aún hoy día, muchos de mis colegas siguen creyendo válidas, a pie juntillas, aquellas apreciaciones básicas y siguen considerando absolutamente intocables aquellos arcaicos conceptos terapéuticos.

¡Qué petulante! Me siento como si estuviera cometiendo una herejía.

Yo, con mis treinta y tres años y dándome el lujo de criticar a "mis mayores"...

Bueno, ¿y por qué no? Después de todo, si este mismo razonamiento hubiera frenado a Freud, a Groddeck o a Troll, no hubiéramos tenido acceso a su sabiduría.

Vamos... ¡adelante...!, que si bien es dudoso que haya en esto que digo alguna sabiduría, no es menos dudoso creerme que yo sea capaz de frenarme para no cometer "herejías"...

Lo concreto es que "poco a poco" me he dado cuenta de lo *anticuado* de todo el funcionamiento de sus teorías. El psicoanálisis se me ocurre como un motor Ford 39 puesto a impulsar una carrocería 1984. Es cierto que es un excelente motor y que con una pequeña adaptación podría impulsar ese auto. Pero no es menos cierto que no siempre será lo mejor, que difícilmente será lo más efectivo, que nunca será lo más rápido.

No por eso vamos a olvidar que sobre ese motor se desarrollaron todos los otros, repito: *todos* los otros.

Como de costumbre, ninguna postura absoluta me es útil para transmitirte lo que quiero.

No me gustaría que creyeras que soy un equilibrista, quiero decir *alguien que busca el equilibrio*. ¡No! Equilibrio es estatismo, es igualdad, es indiferenciación, es muerte. No hay ser humano más equilibrado con su medio ambiente físico-químico que un cadáver.

Más bien soy un amante de la armonía, un enemigo de los absolutos y un enamorado de la posibilidad de que *A* y *anti-A* coexistan en interdependencia. ¿Recuerdas el símbolo del yin y el yang?

El círculo representa la totalidad, la completud, el todo.

Desde una mirada estática, este todo no es ni negro ni blanco. Hace falta del negro y del blanco (los opuestos) para integrar un todo. Y lo que es más interesante, mirando el antiquísimo símbolo, notamos que ni todo lo blanco es blanco (contiene un punto negro), ni todo lo negro es negro (pues contiene un punto blanco).

Si a esta visión estática le agregamos movimiento y la contemplamos dinámicamente, podremos imaginar que el punto blanco en lo negro y el punto negro en lo blanco se agrandan, ocupando cada vez más espacio del color opuesto. Llegará un momento en que todo lo que era blanco será negro y viceversa; pero es sólo un instante, porque al siguiente, un punto negro nace en lo blanco y un punto blanco nace en el mismísimo centro de lo negro.

Nada es absoluto... nada es permanente... (ni siquiera esta frase).

Después de todo, no hay luz sin oscuridad; no hay valor sin miedo; no hay cerca sin lejos; nada existe sin su opuesto. Ya me siento como cuando nos encontrábamos en el consultorio, dejando correr mi ser, siendo ahora. Sin ocuparme de ser coherente o comprensible o ninguna otra cosa. Simplemente siendo.

A veces, cuando consigo esto, *dejarme ser,* me pongo en contacto con una sensación de plenitud, de paz y de amor que amplía mi conciencia hasta trascender de mí.

Lo que me abre esta puerta es el no condicionamiento, es el no pensar, es el no prever...

Y ahora me doy cuenta de que es el *no.* Es decir, la nada, el vacío fértil. El único lugar desde donde puedo recibir todo porque tengo espacio para todo.

Krishnamurti escribe:

UNA TAZA SÓLO SIRVE CUANDO ESTÁ VACÍA.

Recuerdo ahora la sensación de confusión que sentí la primera vez que leí esto. No conseguía entender qué significaba. (Cuántas veces me he perdido en la búsqueda del significado, tratando de encontrarlo a través del intelecto, de mi parte computarizada:

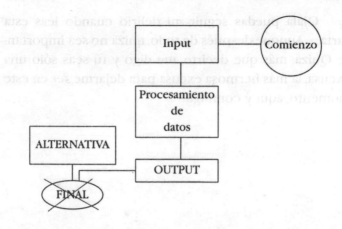

¡Boing! ¡Bing! ¡Strup! —¡Qué horror!)

Entonces, la salida fue —como otras veces— *sentirme* taza. Imaginarme a mí mismo como una taza. Una taza llena... Llena de leche, pensé... La leche es algo útil, nutritivo, importante, vital. ¿De qué otra cosa podía imaginarme lleno yo en mi omnipotencia?

Me imaginé llevando mi contenido donde fuera más útil. Pero, ¡oh, sorpresa...!, no podía darlo sin vaciarme y si lo hacía, dejaba de ser *la taza llena*...Y lo que me hizo sentir peor: yo sólo podía servir para esa leche, caliente o fría, recién ordeñada o agria...

¡No! No era eso lo que quería para mí.

No es eso lo que quiero *ahora* para mí.

Quiero vaciarme...

Para poder llenarme...

Para no estar nunca lleno...

Para ser la esencia de mí mismo...

Para vivir...

31

Ojalá puedas seguir mi delirio cuando leas esta carta... Aunque después de todo, quizá no sea importante. Quizá, más que decirte, *me* digo y tú seas sólo una excusa, la más hermosa excusa para dejarme *ser* en este momento, aquí y conmigo.

Carta 2

¡**P**arece que sigues creyendo que los porqué sirven para algo!

Bueno, en realidad, para algo sirven...

Sirven para dar explicaciones...

para justificarme...

para no responsabilizarme de mis cosas...

para esconderme detrás de las palabras...

para excusarme...

para evitar mi sentir...

para relativizar mi presente a mi pasado...

para no vivir aquí y ahora.

¡Qué diferencia con las preguntas más constructivas de *¿cómo?, ¿qué?, ¿cuándo?* o *¿para qué?*...! A veces, pienso que el *porqué* es el gran vicio del psicoanálisis. En su eterno retornar al pasado se parece a la arqueología: una gran construcción fantasiosa basada en suposiciones y en "hallazgos" que alimentan tales suposiciones.

–¿Cómo "suposiciones"? ¡La historia es una realidad!

–Bueno. Demuéstrame que existió realmente 1942.

–Te podría mostrar libros que datan de entonces.

–¿Sería una prueba fehaciente?

33

–Bueno, prueba... prueba..., no.

–Vengamos más cerca. ¿Qué podrías hacer para demostrar que existió el mundo hace cien años?

–Te puedo mostrar fotos, recortes de periódicos, ropas...

–¿Lo mismo para tu vida?

–Lo mismo, más mis recuerdos.

–Bien. Intenta pensar el mundo tal como lo conoces, el mundo con todo lo que contiene, incluyendo ruinas, fotografías, libros y aun tu propio recuerdo... Este mundo que lo incluye todo es real, es aquí y ahora. ¿Podrías demostrar certeramente, sin lugar para la más mínima duda, que este mundo no fue creado hace cinco minutos?

–*(Confusión.)* ...Demostrar, creo que no. ¡Pero todavía tengo mis recuerdos!

–En primer lugar, tus recuerdos podrían ser falsos recuerdos, podrían haber sido inducidos de manera artificial.

Nietzsche cuenta que la memoria y el orgullo peleaban: la memoria sostenía que así había sucedido y el orgullo que no podía haber sucedido así. Se miraron... ¡y la memoria se dio por vencida!

En última instancia, nuestro pasado es una suposición, una fantasía, una explicación de cómo los hechos llegaron a ser los actuales.

Además, tus recuerdos son aquí y ahora. No allí y entonces.

El recuerdo es útil es cierto, a veces es útil.

Pero no lo es cuando apoyo mi vida en él.

Cuando dependo de él cuando digo "a mí me lo enseñaron así..."

"siempre lo hice así..."
"en mi casa era así..."

Un ejemplo de Thomas Harris:

ACTO PRIMERO

En casa de la pareja.
La esposa cocinó un hermoso jamón al horno para su marido, por primera vez —por primera vez el jamón, no el marido...

ÉL *(Lo prueba.)*: Está exquisito. ¿Para qué le cortaste la punta?
ELLA: El jamón al horno se hace así.
ÉL: Eso no es cierto, yo he comido otros jamones asados y enteros.
ELLA: Puede ser, pero con la punta cortada se cocina mejor.
ÉL: ¡Es ridículo! ¿Por qué?
ELLA *(Duda.)*: ...Mi mamá me lo enseñó así.
ÉL: ¡Vamos a casa de tu mamá!

ACTO SEGUNDO

En casa de la madre de Ella.

ELLA: Mamá, ¿cómo se hace el jamón al horno?
MADRE: Se lo adoba, se le corta la punta y se le mete al horno.
ELLA *(A ÉL.)* ¡¿Viste?!
ÉL: Señora, ¿y para qué le corta la punta?

35

MADRE *(Duda.)*: Bueno... el adobo... la cocción... ¡Mi madre me lo enseñó así!

ÉL: ¡Vamos a la casa de la abuela!

ACTO TERCERO

En casa de la abuela de Ella.

ELLA: Abuela, ¿cómo se hace el jamón al horno?

ABUELA: Lo adobo bien, lo dejo reposar tres horas, le corto la punta y lo cocino a horno lento.

MADRE *(A Él.)*: ¡¿Viste?!

ELLA *(A Él.)*: ¡¿Viste?!

ÉL *(Porfiado.)*: Abuela, ¿para qué se le corta la punta?

ABUELA: Hombre, ¡le corto la punta para que pueda entrar en la asadera! Mi horno es tan chico que...

Cae el telón.

El ejemplo es, para mí, gráfico y concluyente.

Ahora el problema cambia: ¿cómo diferencio el recuerdo útil, de la estupidez? ¿Cómo separo el aprendizaje y la experiencia, del prejuicio (etimológicamente: juicio-previo)?

Quizá éste sea el más trascendente de los desafíos para quienes intentamos vivir nuestras vidas en conexión con el aquí y ahora.

Me doy cuenta de que sólo puedo aportarte algunos elementos:

1. La experiencia es vivida en forma global, por toda la persona (*holísticamente,* como diría Perls). El prejuicio es solamente intelectual.

2. La experiencia puede ser cuestionada por mí permanentemente, sin conflictos. El prejuicio es concluyente, no admite revisiones.

3. La experiencia me contacta con el episodio que vivo. El prejuicio es evitador.

4. En resumen: la experiencia enriquece mi campo sensible, mi sentir, mi vivenciar, mi imaginar... El prejuicio me achica, me encapsula. El prejuicio es, en una palabra, un condicionamiento.

Volvamos al principio.

Si la idea de salud incluye la de libertad, no podemos hablar de terapia sin el concepto de *desacondicionar.*

No dudo de que la intención psicoanalítica básica es desacondicionar, pero encuentro que algunos colegas sólo consiguen cambiar algunos condicionamientos enfermos por otros "más sanos", sin dejar de ser condicionamientos.

Lo que yo y otros como yo queremos hacer es realmente desacondicionar. Devolver al individuo su libertad, su capacidad de decidir, de actuar, de vivir... En última instancia, que recupere su capacidad de elegir.

Elegir y hacerse responsable de su elección.

Estoy hablando de ELEGIR. No de optar. No de descartar las alternativas indeseables y quedarme con el resto.

...Frente a un sendero, éste se bifurca en dos caminos: uno de terciopelo y otro de espinas. Yo voy por el de terciopelo porque las espinas me dañan; tú vas por el mismo porque la suavidad del terciopelo te fascina. Tú eliges, yo opto.

Me desperdigo...

Cuando avalo mis actitudes en una orden de mis

padres, en una imposición moral, en un concepto social o en un precepto religioso, ¡no me estoy haciendo responsable de lo que hago! ("después de todo —me miento— el que obedece nunca se equivoca").

En cambio, cuando soy un adulto, cuando soy yo mismo, cuando no me engaño, puedo seguir teniendo padres, moral, sociedad y religión pero no necesito explicar ni refugiarme en ellos.

Elijo y me hago responsable de lo que elijo.

Atención: ¡de lo que elijo! Esto implica que soy responsable de todo lo que hago y de todo lo que digo, que soy responsable de todo lo que dejo de hacer y de todo lo que me callo; y también implica que de lo único que no soy responsable es de lo que siento (*sí* de lo que haga con lo que siento, pero *no* de lo que siento). Porque esto que siento no lo elijo yo y porque no hay nada que yo pueda hacer para sentir algo diferente de lo que siento.

Vuelvo...

Me preguntas por qué elegí ser médico.

En este momento, creo que no lo sé y que si lo supiera quisiera olvidarlo. En cambio, si me preguntaras para *qué* elegí ser médico, tengo una respuesta muy clara:

Elegí ser médico para crecer *de esta manera.*

Carta 3

Mi querida amiga:

Bueno, bueno... me llenas de preguntas...

Respecto de la última frase de mi carta anterior: "Elijo ser médico y elijo esta manera de crecer", me recuerda una frase de la doctora Saslavsky (a quien yo llamo siempre mi "mamá" profesional): "Los pacientes son los pretextos para nuestro propio crecimiento".

¡Y es tan cierto...!

Te imagino preguntando:

–¿Cómo "pretexto"?, ¿ustedes no son terapeutas?, ¿no nos ayudan?, ¿nos usan...?, y cientos de preguntas más, que sé que eres capaz de hacer en treinta segundos.

¡Vayamos despacio...!

...Cuando un paciente llega al consultorio por primera vez, le menciono —entre otras cosas— la importancia que para mí tiene la doble elección del vínculo terapéutico. Esto quiere decir que no sólo él debe elegirme como su terapeuta, sino que también yo lo elegiré a él —o no— como paciente.

En general, esta elección la hago en forma intuitiva. Simplemente siento que puedo y quiero ayudarlo, me gusta, despierta mi interés o vaya a saber qué.

A partir de la elección que solemos hacer en dos o tres entrevistas, comenzamos a trabajar juntos.

Repito: JUNTOS.

El vínculo no es jerárquico.

No soy un genio frente a un tonto, ni un maestro frente a un alumno. Somos dos personas con distintas experiencias, con distintas maneras de ser, de pensar y de sentir.

Es cierto... prestamos más atención a su problemática personal que a la mía, pero esto es sólo debido a que suponemos, repito: *suponemos,* que hay una cantidad de cosas que yo tengo vistas y capitalizadas.

Ésa es mi única ventaja; la de él es que, sin duda, sabe mucho más sobre sus problemas que yo.

De allí que, con el aporte de ambos, las posibilidades de crecer se multiplican. No únicamente las de mi cliente (antes me molestaba esta palabra, ahora la encuentro muchas veces más apropiada que paciente), sino también las mías.

Cualquier contacto sano con el otro, me enriquece en sí mismo y más aún cuando puedo dar de mí.

Suena paradójico esto de enriquecerse dando y, sin embargo, siento que es así.

Es que, cuando doy, el acto de recibir del otro es vivido por mí como una entrega de su parte... Del mismo modo, me entrego al otro cuando recibo lo que me da.

Para mí es diferente *dar,* que *regalar,* que *invertir.*

En el *dar* hay implícita una doble dirección: doy recibiendo. Cuando doy, algo que es mío pasa a ser tuyo y en el mismo instante algo tuyo —tu aceptación— pasa a ser mío.

En el *regalar,* en cambio, no hay bidirección; te brindo algo pero no recibo nada. Cuando te regalo, te paso algo que de alguna manera siempre fue tuyo. (Te compro un disco: lo compro para ti, pero nunca fue mío.)

Por último, llamo *invertir* a la actitud de brindar, esperando compensación posterior y si es posible con intereses. Cuando hago una inversión, no te doy ni te regalo, sólo te presto algo, que sigue siendo mío y que de alguna forma espero me devuelvas, además del rédito que me corresponde.

El autodiagnóstico es fácil: cuando doy, estoy recibiendo; cuando regalo, no recibo ni lo haré; cuando invierto, espero recibir algo del otro.

¿Comprendes ahora lo que quería decirte con elegir esta forma de crecer?

Es así que, a través de mi profesión, me enriquezco permanentemente y hago uso de mis mejores egoísmos.

A diferencia de otros tipos de terapia, encuentro que lo terapéutico, lo que sirve, lo útil, no es una interpretación adecuada, una medicación justa, ni un consejo sano. Lo único terapéutico es el vínculo entre mi cliente y yo.

¿Cuál es ese vínculo?

El Amor.

...Sí, sí: ¡Amor!... En algún momento hablaremos sobre qué significa esta palabra que ha sido tan usada, tan malgastada, tan distorsionada, tan desvirtuada. Por ahora quiero que sepas que es, para mí, casi una condición indispensable para aceptar a un paciente: que me sienta capaz de amarlo en el mejor y más claro sentido de la palabra.

Muchas veces me han preguntado si amar a un cliente no es peligroso. Para mí no lo es, y en cuanto a él, parto de la base de que un tratamiento psicoterapéutico *siempre* es peligroso.

Una vez, Fritz Perls (el creador de la terapia gestáltica) atendió a una mujer que había intentado —varias veces—suicidarse. En medio de un ejercicio terapéutico, ella descubre que en realidad su deseo es matar a su esposo y no a sí misma.

Termina la sesión, la paciente deja el consultorio y pocas horas más tarde intenta asesinar a su marido.

Aun en este caso, que considero muy extremo, sigo sintiendo que fue más sano contactar con su verdadero deseo, que transformarlo —por no permitírselo— en autoagresión.

Creo que si se hubiera permitido hablarlo, sacar afuera ese deseo homicida, quizá, sólo quizá, no hubiera necesitado intentarlo.

En todo caso... cualquier terapia "seria" es peligrosa y el riesgo implícito —creo yo— vale la pena.

Carta 4

Amiga mía:

Cuando recibo una carta tuya, algo dentro de mí vibra y salta.

Lentamente miro el sobre... la estampilla... tu letra... (¿estabas esta vez tensa?, ¿o apurada, quizá?).

Me tomo tiempo para sentirte en contacto conmigo antes de leer el contenido...

...Cada carta tuya es ahora un pedazo de ti que me das... Cada una de las mías es igual...

Me imagino ahora que soy un sobre. Me ponen dentro una carta para ti, me cierran, me escriben tu dirección en la panza y me llevan hasta el correo...

Ahora viene la parte más difícil: el matasellos. ¡Ay!

Me ponen en una pila con compañeras circunstanciales, me pasan a una bolsa y de allí, al avión.

Estoy viajando hacia el norte. Es mágico compartir este viaje con otras compañeras. Miles de millones de palabras escritas llevan mensajes similares al mío. O no...

Allí, la carta de una madre a su hijo; más abajo, un reclamo de pago; acá, al costado, un saludo de navidad y más lejos una compañera ostentosa, muchos colores, letras grandes y atractivos dibujos. (Me pregunto: ¿qué venderá?)

El avión aterriza...

Nos clasifican, subimos a un camión...

Ahora estoy en la bolsa del cartero... ¡Ya llego!... Él toca el timbre. Se abre una puerta y... ¡ahí estás!

¡Qué placer estar entre tus manos!

Tu mirada me hace sentir muy bien.

Te sientas y me acaricias... con mucha suavidad, me abres y sacas la carta para leerla... (Me encanta verte tomándote tu tiempo...) Lees... Miras el techo... Vuelves a leer y sonríes...

Ahora vuelves a guardar la carta dentro de mí. Otra vez tus caricias.

Me llevas a tu pieza y me guardas en tu cajón; con otras cartas, con tu alhajero, unas llaves y *El Principito*. Me siento en el cajón de tus tesoros.

Allí me quedo...

De vez en cuando, abres el cajón y me miras; otras, siento que estás en contacto conmigo sin siquiera verme.

Hoy ha llegado otro sobre que pusiste encima de mí, con la misma ternura con que lo hiciste conmigo y yo no me puse celoso, me sentí más grande y más importante.

Tengo la sensación de ser un eslabón, un eslabón más y a la vez el más importante de una cadena que te une —no que te separa— con Jorge... conmigo.

Ahora vuelvo a ser yo mismo y, sin embargo, el imaginarme que era un sobre me hizo sentirte más cerca, todavía más.

¡Qué lindo es viajar a verte y estar contigo cada vez que quiero!

¡Qué lindo es amarte!

¡Qué lindo es que existas!

Carta 5

Claudette:

M e pregunto si tus preguntas no tienen fin. ¿Quieres saber qué opino sobre la teoría psicoanalítica de la neurosis?

Me parece un trabajo intelectual excelente y que, indudablemente echa luz sobre la comprensión de lo que podría ser el proceso de gestación y de instauración del trastorno neurótico. Sin embargo, no quiero dejar de decirte que, en mi opinión, no se necesita un conocimiento sobre el curso de los electrones o sobre las teorías de Alexander Volta para cambiar una lámpara o arreglar una plancha.

Para estas y otras cosas, por lo general basta el sentido común, la observación y el aprendizaje empírico.

Un neurótico es un tipo que no disfruta de su vida.

Es alguien a quien *le pasan* las cosas.

Es un disconforme permanente.

Es un manejador de los otros y de sí mismo.

> *Un neurótico es alguien que se pasa la mitad de su vida poniéndose trampas y la otra mitad cayendo en ellas.*

Esta última frase me encanta; me parece clara y completa.

Preguntarás: ¿cómo se manifiestan estas trampas...?

Fundamentalmente, en un individuo neurótico aparecen cuatro cosas:

1. *Inmadurez*
2. *Anhedonía* (¡Qué palabra!)
3. *Interrupción*
4. *Falta de límite entre afuera y adentro*

1. *Inmadurez*: es la falta de maduración. Entendiendo por maduración un proceso de crecimiento continuo, que consiste en traspasar el apoyo ambiental al autoapoyo.

"Proceso" significa tiempo y cambio.

"Crecimiento" significa expansión del Yo.

"Continuo" significa que no tiene principio ni final durante la vida del individuo.

Respecto del apoyo ambiental y el autoapoyo, quédate por ahora con el sentido obvio de estos conceptos y dejemos para otra carta más aportaciones sobre este punto.

2. *Anhedonía*: es la ausencia de placer. La incapacidad para obtener bienestar de lo que se hace.

No importa cuánto esfuerzo haga, cuán importante sea su logro, cuán adecuada sea su conducta. El neurótico no se permite el placer, por lo menos *no* el placer pleno, el que satisface, el placer sano.

3. *Interrupción*: es el mecanismo por el cual el neurótico impide que un proceso se desarrolle naturalmente y concluya.

Interrumpir, etimológicamente significa: "romper un vínculo o contacto entre dos cosas, personas o situaciones".

Si para pasar de A a B me interrumpo infinitas veces, nunca llegaré.

El mejor ejemplo es el del proceso de confusión.

Cuando algo me confunde, tengo dos posibilidades:

a) tratar de salir de la confusión;
b) dejarme estar en ella.

El primer caso es el de la interrupción. Quizá, en apariencia, se obtenga una sensación de tranquilidad, pero esa tranquilidad es por "superar" el miedo a estar confuso y no por aclarar qué me confunde.

La confusión es un proceso normal del *darse cuenta;* sólo a partir de ella contacto con mi descubrir (des-cubrir) la realidad.

En el segundo caso, cuando no me interrumpo, dejo que el proceso se complete y se agote para salir de él. Salir de la confusión es, muchas veces, la consecuencia de mi dejarme estar en ella.

La certeza es, en general, la consecuencia de la duda y, por lo tanto, un *no sé* es una apertura y el más positivo de los caminos hacia la realidad.

Interrumpir es condenarme a mantener dentro de

mí mismo una situación inconclusa, que dejará paso a nuevas interrupciones.

4. *Falta de límite entre afuera y adentro*: ésta es quizá la más clara manifestación de los trastornos neuróticos. Darme cuenta de que el límite de mi piel separa un afuera de mí, de un adentro de mí; parece una perogrullada y, sin embargo, es la dificultad que da origen, en gran medida, a las otras tres.

Cuando interactúo con el otro y él me dice lo que le molesta, lo que le gusta, lo que le duele... sólo teniendo claro que él *está afuera de mí* puedo contactarme conmigo y, así, hacerme cargo únicamente de lo mío. Porque "sólo soy perchero de mi propio sombrero".

Te acordarás de lo afecto que soy a decir "asunto tuyo"... o "asunto de él"... Estas frases son, para mí, como la profundización de mi conciencia del *afuera* y el *adentro*. Creo firmemente que si todos pudiéramos darnos cuenta de esta diferencia, de este límite que impone nuestra piel, gran parte de las rabias, de las frustraciones, de las expectativas y de los sacrificios que padecemos, morirían de muerte natural.

A partir de todo esto es que tratamos de ayudar a nuestros pacientes.

Si conseguimos que tan sólo uno de ellos comprenda qué cosas son adentro y qué cosas son afuera; si conseguimos que no se interrumpa; que disfrute de sus cosas y que se apoye sobre sí mismo responsabilizándose de sus actos; entonces nosotros perderemos un cliente y él ganará una nueva vida.

Carta 6

Mi amiga...

Escribirte es una de las cosas que disfruto de mi vida...

Me alegra, claro, que mis cartas te gusten y más me alegra mi propio placer...

Podría haber escrito: "...*pero* más me alegra... etcétera", y esto tendría otra significación.

La palabra *pero* es una de las trampas del lenguaje. Cuando digo *pero*... intento invalidar total o parcialmente lo que dije primero:

"Yo no tengo nada contra los negros, *pero*..."

Y antes de seguir escuchando, yo ya sé que quien dice esto, tiene algo contra los negros.

Me importa utilizar las palabras en su verdadero sentido; esto suele ayudarme a hacerme responsable de lo que digo y hago, responsable de lo que soy, responsable de mí mismo.

Cada vez que me encuentro diciendo un *pero*... trato de remplazarlo por: y *además*... Si el remplazo encaja, entonces elijo esta otra forma de decirlo. Si no encaja, entonces hay dos posibilidades: o la primera parte de la frase no es lo que deseo decir o voluntariamente estoy tratando de invalidarla, quizá para enfatizar la segunda, quizá para hacer una aseveración paradojal.

Sea como fuere, siempre me sirve para darme cuenta de alguna zona poco clara de mí mismo.

¡DARME CUENTA! ¡Qué importante!

Desde que leí a Perls... me gustó este modo de enunciar el proceso de la salud.

¡Qué diferente suena *darse cuenta,* comparando con *tomar conciencia*!

"Tomar conciencia" me suena intelectual, razonable, frío y parcial. "Darse cuenta" es total; me doy cuenta con todo mi ser, organísticamente, según la gestalt.

Ya Fritz, en los últimos años de su vida, había casi abandonado su denominación de terapia gestáltica y prefería llamarla: terapia del darse cuenta (*Awareness Therapy*).

Es que el sistema creado por él creció más allá de la psicología de la gestalt, en la cual Perls se apoyó para su trabajo creativo y, por lo tanto, *terapia gestáltica* queda ahora como un rimbombante título, distante años luz de la dinámica y del proceso implícito en el intercambio terapéutico de la técnica.

Ahora que escribo esto, siento que estoy siendo injusto y que estoy hablando de gestalt como si fuera una psicología, una técnica o una terapia, cuando en realidad no es *sólo* eso: es, además, una filosofía de vida, una manera de pensar y una manera de ser.

¡Otra vez me disperso!

Quiero contarte sobre las trampas del lenguaje.

Todo sucede como si el lenguaje exterior, el que solemos usar para comunicarnos con los demás, no siempre fuera el reflejo fiel de lo que *aparentemente quiero decir.*

A VECES, YO SOY YO
Y MI LENGUAJE ES MI DISFRAZ.

Por ejemplo, quiero decirte: "Ayer cuando me puteaste, me dio mucha rabia y sentí ganas de romperte una silla en la cabeza".

Si me disfrazo te digo: "A veces, la agresividad perturba a cualquiera". (?)

Fíjate la indefinición, la ambigüedad y la falta de compromiso de la segunda frase: "A veces (¿cuándo?), la agresividad (¿cuál?, ¿de quién con quién?) perturba (¿qué hace?) a cualquiera (¿a quién?)".

Otro ejemplo. Te digo: "¿Tienes ganas de tomar un café?", en lugar de: "Quiero tomar un café contigo. Te pido que me acompañes".

Muchas veces, hacemos preguntas en lugar de afirmar un pensamiento que nos pertenece.

Éstas son nuestras "frases encubridoras".

Si cada vez que hago una pregunta trato de encontrar la afirmación escondida, me daré cuenta de muchas afirmaciones que me callo.

Preguntar es una eliminación, un robo que hago de una parte de lo que digo o de toda mi expresión.

En la pregunta no hay compromiso, hablo sin decir, me disfrazo.

¿Para qué hago estas cosas?

Quiero que los demás me quieran (?), que me aprueben, que me acepten, que estén contentos de conocer a una persona tan agradable y gentil como yo. Tengo miedo de que me rechacen, que me abandonen, que me critiquen, que no me quieran.

Y entonces... abro el baúl de los recursos y me disfrazo: una nariz redonda, un poco de colorete, un sombrero atractivo, unos zapatos graciosos y, sobre todo, saco y corbata (porque no hay que perder la formalidad)... y te engaño... te estafo... te miento...

Tú aceptas mi disfraz, quieres mi disfraz, admiras mi disfraz... y si lo hago bien, quizá... ni siquiera te des cuenta y creas que te estás relacionando conmigo.

Un día, yo me doy cuenta y empiezo a extrañarte. Quiero que hagas contacto conmigo... conmigo de verdad. ...Y me saco la nariz, el colorete, el sombrero, los zapatos, el saco y la corbata. Y guardo todo en el baúl de los recursos y guardo el baúl bien lejos, como para que no estorbe el paso.

Ahora sí.

Ahora soy yo.

Ven conmigo.

Mírame.

Tócame.

Huéleme.

Escúchame...

Soy yo.

Es cierto, muchas personas más me rechazan ahora y es también cierto que muchas menos personas me quieren, pero (y aquí sí *espero*...) cuando te encuentro a ti, a ti que me aceptas así, tal como soy, qué placer... Imagínate. ¡Qué placer!

¡NO TE DISFRACES PARA MÍ,
LO QUE YO QUIERO ES ESTAR CONTIGO!

Carta 7

Claudia:

¿**P**ara qué te apuras? (Miento, esto es una pregunta.)

No te apures... (Miento otra vez.)

¡No *me* apures!

No se trata de *saber*, se trata de *darse cuenta*.

Si utilizamos la semántica, la gramática y la etimología para "hablar bien" posiblemente conseguiremos hablar bien, pero esto no tiene nada que ver con el proceso de *darse cuenta*.

El acento que pongo en *cómo* hablamos es un camino (hay otros, habrá mejores), una manera de transitar este proceso.

Una de las trampas sobre la que intento trabajar últimamente, es el *tengo que...*

"El detective maravilloso entra en la habitación y sorprende al gángster aún con la pistola en la mano. A su lado, el cadáver de su mejor amigo. El detective le coloca las esposas con poca o ninguna resistencia del asesino quien, con la cara desencajada y la vista perdida en el infinito, es llevado dócilmente a la patrulla, mientras repite: *¡Tuve que hacerlo! ¡Sabía demasiado!*"

¿Tuvo que hacerlo? ¿Qué querrá decir con "tuve que hacerlo"? ¿Quién lo obligó?

Exactamente lo mismo hacemos a diario cuando hablamos de lo que *tenemos que hacer.*

Tengo que implica obligación, imposición, deber (deber es *estar en deuda).*

Cuando me encuentro creyéndome que *tengo que* hacer o decir algo, replanteo la idea como *elijo* o *decido.* Esto me ayuda a sentirme plenamente responsable de mis actos. Y entonces lo que hago, aunque no sea lo que más me gusta, puede ser agradable. No hay agrado desde el *tengo que.*

No siempre elijo hacer lo que más quiero. A veces renuncio a lo que más me gustaría para conseguir otra cosa (conservar un trabajo, por ejemplo).

De todas maneras, en el *elijo* o en el *decido* me estoy haciendo responsable, soy dueño de mí, soy plenamente yo.

La mejor manera de sentir esto con claridad es sobre nuestras propias cosas.

Trata de hacerte una lista de tus *tengo que.* Construye seis o siete oraciones que comiencen con *Tengo que...* y lo que surja después (sin pensar demasiado).

Ahora remplaza en esas mismas frases el *tengo que* por *elijo, decido* o *quiero.*

Pruébate estas frases nuevas, como si fueran una camisa, para ver cómo te quedan.

Quizá te parezca que algunas no encajan, pero date tiempo, tenlas presente, y vas a comprobar, antes o después, que ésta es la realidad.

No hay muchos *tengo que* reales en nuestra vida: comer, beber, respirar, ¿cuántos más...?

Me imagino la situación de *tengo que* como un cavernícola transportando una piedra de una tonelada sobre sus hombros: transpira, sufre, se queja, se lastima, pero continúa...

El *elijo* no hace desaparecer la piedra, pero me la imagino ahora montada sobre unas primitivas ruedas y nuestro personaje está sentado encima de la piedra, guiándola. Su expresión ha cambiado, él sabe que hasta puede bajarse de allí, si así lo desea.

Me estoy poniendo pueril. ¡Sí! Me encanta sentirme infantil.

Me gustaría que estas cartas no tuvieran palabras. Que fueran dibujos o pinturas o esculturas. Expresiones que no te digan, que te dejen sentir lo que yo siento.

Es obvio que mis limitaciones en la expresión gráfica van más allá de mis deseos de expandirme. Así que, por ahora, me conformaré con las palabras aunque muchas veces no me alcancen.

Yo sé que tu puedes comprenderlo todo, *hasta lo que digo con palabras.*

Carta 8

Sol
Arena y
Mar,
Silencio y
Paz,
Verde,
Amarillo y
Azul,
Viento,
Luz y
Música...

...Todo eso soy,
de vacaciones en la playa.

Carta 9

Amiga:

Yo creo que lo mejor sería comenzar por leer a Krishnamurti.

Por lo menos, así empecé yo.

Después de recibirme, hice mi formación en la especialidad, primero en el hospital, en varias clínicas después, y luego, como muchos otros, en mi propia búsqueda.

Para aquellos de mis compañeros que eligieron el psicoanálisis, la cosa era mucho más clara: terapia personal, grupos de estudio, terapia didáctica y ya.

Para mí, en cambio, ese camino no servía. Yo sabía que el psicoanálisis era una entre setenta o más formas de psicoterapia y yo *había decidido elegir*.

Durante mis años en las clínicas había atendido, casi exclusivamente, a psicóticos. Con ellos la técnica era: el afecto llano, sincero y directo. Todo lo demás: la medicación, los estudios clínicos, el lugar, etcétera, eran complementos de aquello que Balint llamaba "la droga *médico*" y que yo aprendía a administrar con cautela, cuidando de no dar dosis tan diluidas que no cumplan su efecto, ni de dar una sobredosis que, como la de otros medicamentos, podría causar una intoxicación, un rechazo o un efecto paradojal.

Por aquel entonces creía que yo curaba a mis pacientes. Lo cual significaba que entre el brujo de la tribu, que intercedía ante los poderosos dioses, y yo, había sólo una diferencia de tiempo y espacio, pero estructuralmente éramos iguales; o tal vez lo mío era más extremo: al no ser muy creyente, en realidad, dios era yo mismo y aunque jamás lo pensaba así, recuerdo que algunas de mis actitudes mostraban esta fantasía.

Después cambió mi posición: no era yo el que curaba, sino la medicina ("La" Medicina... "el arte de curar")... ¡Qué categoría! ¡Qué soberbia! ¡Qué petulancia! ¡Qué estupidez!

Mucho tiempo después... me di cuenta de que la medicina no cura nada y, lo que es peor, yo tampoco.

Excepción hecha de los cirujanos (que en realidad no curan, extirpan) y de los antibióticos, la medicina se limita a asistir al enfermo, a apoyar "logísticamente" el proceso de curación y a dar una serie de pautas que permiten que este proceso se desarrolle con más rapidez, menos dolor o distintas consecuencias.

¿Cuál es, entonces, nuestro papel?

Estar atentos.

En obstetricia se estudia que nueve de cada diez partos se desarrollan normalmente y sin intervención profesional. En el restante, la pauta general como indicación para el profesional es intervenir lo menos posible.

En el campo de la salud mental estos porcentajes estadísticos se mantienen.

Volvamos...

Por aquella época yo estaba ávido de información.

Leía cuanto llegaba a mis manos referente a la especialidad: psiquiatría biológica, psicoanálisis, terapia conductista, psicofarmacología y hasta terapia simbólica (?). Todo servía, todo *me* servía.

Yo había empezado a atender pacientes privados en mi casa. La técnica era absolutamente intuitiva. Aquello que sirvió para los psicóticos: el afecto y el interés en su persona, ¿por qué no serviría para los neuróticos?

Yo hacía algunas interpretaciones, señalaba conductas, daba consejos y medicaba: pero sobre todo *le exigía al paciente "que se cure"*.

Muchas veces mis pacientes, *a pesar mío,* mejoraban... Ahora lo entiendo: se sentían queridos y valorados. En algunos casos, *mi* hacerme cargo de ellos mejoraba su sintomatología y esto rompía el círculo repetitivo de: angustia-frustración-abulia-depresión-y otra vez angustia...

Un día me encontré con el libro de Moreno, *Psicodrama*. ¡Por fin!, pensé, ésta es una técnica movilizadora, completa y concreta.

Comencé a tomar contacto con colegas que hacían psicodrama.

A medida que estudiaba y veía las técnicas psicodramáticas en acción, me atrapaba más su dinámica, pero el lenguaje teórico era todavía muy psicoanalítico y no me satisfacía.

Alguien me recomendó *Yo estoy bien. Tú estás bien* de Thomas Harris. Al leerlo, a pesar de ser un libro escrito como un best-seller y demasiado american way, noté que el análisis transaccional y el psicodrama tenían puntos de contacto que podían ser incorporados a una sola técnica.

Y empecé a leer a Berne. Eric Berne dejó en mí,

elementos de trabajo valiosísimos que hoy uso con frecuencia y creo que seguiré usando durante mucho tiempo. Elementos muy claros, sencillos, didácticos y, sobre todo, útiles.

Es cierto, me molestaba un tanto su ser esquemático, pero era una reserva tan pequeña, que no le di importancia.

Con Berne, con las técnicas psicodramáticas y con mi intuición, trabajé durante varios años.

Mi tarea terapéutica me parecía más sólida y yo me sentía más libre en el consultorio.

Hace unos años se produjo mi rencuentro con Zulema Leonor Saslavsky (mi mamá profesional), "July".

Había conocido a July algunos meses antes de recibirme de médico. Yo hacía teatro con un grupo de jóvenes y, entre todos, habíamos montado un pequeño show, en el cual yo hacía las veces de animador.

Una noche... cuando terminó el espectáculo, alguien me presentó a la doctora Saslavsky. Nos pusimos a charlar y ella me contó que era médica psiquiatra. Le conté que me faltaban tres materias para graduarme y que tenía ganas de hacer psiquiatría.

July sacó una tarjeta, me la dio y me dijo:

–Cuando te recibas, si quieres, ven a verme al hospital. Quizá puedas entrar en mi equipo.

Me recibí un viernes 23 de mayo y el lunes 26 me fui al hospital a preguntar por la doctora Saslavsky. July estaba en la sala. La esperé dos horas; cuando me vio se acordó inmediatamente de mí y de su ofrecimiento. Me preguntó qué quería. Le contesté que ella me había ofrecido entrar a trabajar en el hospital y que...

Me interrumpió y me volvió a preguntar qué quería. Yo le dije que ese hospital tenía la fama de tener un buen servicio de psicopatología y que entonces...

July resopló, me miró fijo y preguntó por tercera vez qué quería. Respondí:

–Aprender.

–Bien, entonces mañana a las 7:30 aquí.

Los dos años al lado de July en el hospital fueron duros y nutritivos. Un día, a los dos meses de concurrir al servicio, nos llamaron para entrevistar a un paciente internado en cirugía general. July lo interrogó, leyó su historia clínica, habló con el cirujano y luego, en la hoja de indicaciones, lo medicó. Salimos de la sala. Caminábamos hacia el bar. Yo dije:

–Yo no lo hubiera medicado.

July se paró en seco, se dio vuelta y me dijo:

–Tú no, yo sí.

(Muchos años después entendí esas actitudes "pedagógicas" de July.)

Cuando dejé el hospital, dejé también de ver a July durante años. Un día, Lita me pidió que le recomendara una terapeuta mujer. Yo quiero mucho a Lita y pensé: "*Una* terapeuta no, *la mejor*". ¿Quién es la mejor? ¡La doctora Saslavsky! La busqué. Encontré su número en una desactualizada cartilla de una obra social. La llamé. Nos encontramos, eran las once de la mañana de un sábado de invierno.

Al terminar de contarnos lo más importante y trascendente eran las nueve de la mañana del domingo.

Cuando hablamos sobre lo profesional, yo le conté en detalle lo que hacía en el consultorio.

July me dijo:

–¡Pero tú estás haciendo gestalt!

65

–¿Qué?

–Gestalt...

–No tengo la menor idea de qué me hablas.

Se paró, prendió un cigarro, caminó por la habitación, se acercó y me dio un beso. Me dijo:

–Creo que sería bueno para ti tomar contacto con la filosofía gestáltica.

Y como siempre, sin esperar respuesta (o sabiéndola), se levantó, fue hasta su biblioteca y empezó a sacar libros:

–Éste, éste, éste no, éste después, éste también, éste y éste y este otro...

Y volvió al sillón haciendo equilibrio con una pila de libros.

–Lee esto y después hablamos. Empieza por acá —y me señaló *La libertad primera y última* de Krishnamurti.

–¿Qué tiene que ver terapia... con filosofía hindú?

July prendió otro cigarro (nunca sé cómo los fuma tan rápido) y se limitó a repetir:

–Lee esto y después hablamos.

Y yo, que era muy rebelde, muy personal, muy cuestionador, muy poco disciplinado, pero sobre todo muy poco estúpido, me puse a leer...

...Así llegué a Krishnamurti.

Fue revelador. Tanta claridad, tanta profundidad y tanta calidad, me sorprendieron.

Como él dice: "No importa si estamos de acuerdo, no importa si no recuerdan lo que digo; no me estudien, no me sigan, no me obedezcan, tan sólo dejen que algo pase entre ustedes y yo".

...Y algo pasó entre él y yo...

Carta 10

Claudia:

Tu idea de guardar estas cartas ordenadas y dejarlas para que alguien las lea alguna vez... me emociona...

En realidad, ignoro el valor que todo esto que te digo puede tener; no obstante, la fantasía de poder recopilar un día estas notas para alguien, me resulta absolutamente placentera.

Quizá haya sido también ésta la manera en la cual mi bisabuelo escribió las cartas de *El libro del Ello.*

...Y aquí estoy yo, medio siglo después, enganchando esa fantasía y transformándola poco a poco en una ilusión.

Ahora... dejo ser en mí esa ilusión... toma cuerpo... se afirma... ya es un deseo.

Si lo riego, lo cuido, lo dejo crecer, entonces en algún momento el deseo se transforma en un proyecto. Y, cuando llegó allí, sólo me queda establecer un plan de acción; una estrategia; tácticas de puesta en marcha y su ejecución.

Esta secuencia: fantasía, ilusión, deseo, proyecto, plan, estrategia, táctica y ejecución, es la manera más sana de concretar mis ganas, en una actitud coherente con ellas.

Qué diferente es el proyecto (proyectarse —lanzarse hacia adelante), de la expectativa (expectativa deriva de expectante, espectador).

En la expectativa, mi actitud es pasiva; simplemente espero que suceda algo.

Esta actitud mía está vinculada con las diferentes vivencias que relacionan al proyecto y a la expectativa, con mi persona.

Tal como te dije, el proyecto es la respuesta a un deseo —"esto quiero", "me gustaría", "tengo ganas".

En cambio, la expectativa se relaciona con una necesidad —"necesito", "es imprescindible para mí"— o, en general, con algo que siento y que creo es una necesidad aunque en realidad no lo sea.

Esto de la necesidad es otra trampa de la familia del *tengo que,* ¿te acuerdas?

Paciente: Necesito hablar con Marta.

Yo: ¿Necesitas?

Paciente: Sí, es imprescindible para mí.

Yo: ¿Qué pasaría si no lo hicieras?

Paciente: ...me sentiría muy mal.

Yo: ¿Se pondría en juego tu existencia?

Paciente: Sí.

Yo: No te creo.

Paciente: Bueno... tanto como mi existencia... no.

Yo: Compara tu "necesidad" para con Marta con tu necesidad de oxígeno, por ejemplo.

Paciente: Claro, es diferente.

Yo: ¿Podrías decirlo de otra manera, entonces?

Paciente: ...Me gustaría hablar con Marta.

Yo: Otra.

Paciente: ...Es importante para mí hablar con Marta.

Yo: Otra.

Paciente: Me haría bien hablar con Marta.

Yo: Aquí aparece otra vez el prejuicio. ¿Te haría bien? ¿Y si Marta te manda a la mierda? ¿Te haría bien?

Paciente: Está claro, pero yo quiero hablar con ella.

Yo: Repite eso.

Paciente: Quiero hablar con ella.

Yo: ¿Cómo te suena?

Paciente: Bien. Muy bien.

Yo: Trata de darte cuenta si detrás de tu aparente necesidad, no te escondes de ti mismo. Cuando dices "necesito", no te haces *responsable* (responsabilidad, etimológicamente significa: capacidad para responder). La necesidad parece algo que está fuera de mí. Yo no tengo nada que ver. Me someto a algo que es imprescindible para mí. *Yo quiero,* en cambio, es una expresión comprometida con todo mi ser.

Yo quiero implica una elección.

A partir de todo este razonamiento surge con claridad que cuando necesito, creo una expectativa. No hay un plan de acción en relación con ella, sino sólo una actitud dual frente a lo que pasará: por un lado, la ansiedad de que algo suceda y, por otro, el miedo de que no suceda.

A partir de vivir mis deseos como necesidades, la consecuencia de que "no suceda" parece mi aniquilación.

De paso, éste es un buen ejemplo de cómo me invento un miedo.

69

El miedo es siempre un invento del pensamiento, "una frustración del pasado, fantaseada en el futuro".

Si, tal como te decía, lo único *real* es el presente, todo lo depositado allá, en el pasado o en el futuro, es producto de mi pensamiento y, como tal, *no existe.*

Estamos entrenados para fortalecer la esperanza, una trampa social en la cual solemos caer con mucha facilidad.

Si nos rebelamos, la consecuencia fatídica que nos prometen es la "desesperanza", que no consiste en la falta de esperanza sino más bien en un interminable péndulo entre la esperanza y la certeza de su no realización.

Realmente, este castigo es una tortura sin fin.

Sin embargo, existe una tercera posibilidad: la *auténtica* desesperanza. Es decir, la falta total de expectativas; no esperar nada de mi futuro.

Permitir que cada cosa que suceda me sorprenda; vivir cada instante de mi existencia, sin anticipación; sentir el presente (*aquí y ahora*).

Claro, si nos detenemos en esta idea, diremos: "¡Es muy difícil!". Sí, es muy difícil. ¿Y?

Seguro que es más fácil no comprometerme con la realidad. Es más fácil huir hacia el pasado o hacia el futuro. Es más fácil enfrentarme con cada situación habiéndola fantaseado cien veces antes, habiendo examinado previamente todas sus alternativas... y mejor si fueron mil veces... ¿y qué tal un millón?

Por qué no dedicarse sólo a planificar... fantasear... ¡Pensar...! y sus derivados como: pedirle al buen Dios o al destino que no nos olviden; anticiparnos mediante profecías, astrología o adivinación y así estar siempre bien preparados (pre-parados) para lo que nos sucederá.

Tengo la misma sensación que frente al viejo chiste del señor que visitaba un sanatorio psiquiátrico y veía a los pacientes que se zambullían en la alberca al grito de: "¡Qué lindo va a estar el jueves!". El señor se acercó al enfermero y le preguntó:

–¿Qué va a pasar el jueves?

Y éste le contestó:

–¡El jueves llenarán de agua la alberca!

Carta 11

Claudia:

"La felicidad consiste en permitir que todos los sucesos sucedan."

Lo escribió Barry Stevens.

Ahora lo escribo yo...

Ahora lo hago mío...

Ahora es mío.

"La felicidad consiste (¡sí!) en permitir que todos los sucesos sucedan."

Carta 12

Amiga mía:

Es verdad, vivir no es fácil... pero es hermoso, y es el ser tan hermoso lo que lo hace fácil.

Cuando todo se complica y sale mal, me sirve observar los hechos y asistir a ellos, sin esforzarme por las actitudes heroicas. (No creo en heroicidades.)

Casi siempre algo sucede. Y si me tomo tiempo... asisto al siguiente instante, donde encuentro que un pedacito de todo eso que salió mal me sirve; algo de ello me enriquece; toda la situación me hace crecer.

Supongamos por un momento que es cierto que te equivocaste.

¿Y?

¿Qué te pasa con tus equivocaciones?

Vives tus equivocaciones como errores.

Errar es fallar.

Fallar implica una expectativa previa de acertar.

Una expectativa es un prejuicio.

Un prejuicio es un condicionamiento.

Un condicionamiento es una puerta que me cierro.

Si vives tus equivocaciones como errores,

te cierras puertas.

Equivocarme es una parte de mi proceso de aprendizaje (sin equivocación no hay crecimiento).

Equivocarme es una manera de hacer algo en forma nueva, una manera de crear. Equivocarme es darme cuenta de mi valor y a veces, por qué no, darme cuenta de mis partes estúpidas.

¡Mis partes estúpidas...! Conozco pocas personas tan estúpidas como yo cuando soy estúpido. Y lo peor de todo (o lo mejor de todo) es que en general me divierto tanto cuando soy estúpido, que entro en retroalimentación y mi estupidez se prolonga, se prolonga y se proloooooooongaaaaaaa...

La única razón que encuentro para fastidiarme con mis equivocaciones es el temor a la crítica; que los demás me critiquen, que se den cuenta (¡qué horror!) de que *no soy perfecto*, ¿cómo puedo decepcionarlos de esa manera? ¿O será que yo creo que soy perfecto? ¿Seré yo el que podría resultar decepcionado?

Después de todo, nunca estoy seguro de que las críticas de los demás sean para mí. Quizá cuando me criticas, estás criticando, en realidad, a las partes mías idénticas a las que no te gustan de ti.

Esto suena coherente.

Cada vez que algo del otro me molesta, me fijo cuánto de mío hay en su actitud.

Me irrita lo que él hace cuando yo también lo hago, cuando podría hacerlo y también cuando lo haría pero no me lo permito.

Dice Prather:

Una piedra nunca me irrita,
a menos que esté en mi camino.

De paso, éste es un excelente método (¿método?) para buscar dentro de mí las partes que no dejo salir.

¿Qué cosa mía está metida en el medio, para que la actitud de Fulanito me moleste tanto?

A partir de esta pregunta, mi crítica para con el otro es mucho más adecuada, pues finalmente no es para él, es para mí y yo me cuido mucho y trato de ser muy suave conmigo.

...Te escucho preguntando:

–¿Siempre tu crítica es hacia algo que tiene que ver contigo? Entonces ¡nunca me sirve lo que dices!, no me aporta nada comunicarme contigo. ¿En qué me puedes ayudar, si sólo me usas como pantalla para tus cosas?

Despacio...

Primero, si no eres un despistado, con seguridad me elegiste como pantalla porque soy una buena pantalla para tus cosas; de alguna manera me proyectas aquello que, con más o menos esfuerzo, me queda. Y segundo, si tu crítica me irrita o si genera en mí una actitud defensiva (explicaciones y justificaciones), esto me da la certeza de que tus críticas contactan —también— con mis propias cosas oscuras o con mi propia crítica a mi actitud.

Admitamos que podría suceder que tu crítica sea sólo proyección y que no me quepa; entonces no siento nada, no me enojo, no me defiendo, no trato de probar tu error... Si te quiero y me importas, lo mejor que puedo hacer es sugerirte que veas que lo que me dices quizá tenga que ver *también* contigo.

La primera vez que me doy cuenta de que, al criticarte, en realidad *me* critico, es mágica.

Un camino que conduce a un mundo maravilloso

se abre como por encanto y nos invita a recorrerlo. Es el mundo de las cosas que depositamos en los demás.

En el encuentro con el otro proyectamos, introyectamos, imaginamos, nos identificamos, criticamos y amamos.

Sí, claro. ¿Cómo sucede que empezamos a querer a un otro? Todo empieza por el mecanismo de identificación proyectiva (o si te gusta más, respetando el orden de los hechos: mecanismo de proyección identificativa).

De pronto Yo, así rayado como soy, me encuentro con el otro al que veo (lo sea o no) con una parte rayada así, como la mía, proyección, primer paso. Luego, ya que el otro es como yo (rayado), me identifico con él, identificativa, "él y yo somos lo mismo, como si fuéramos el mismo".

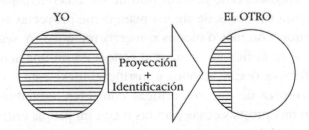

Ahora, quiero en él esta misma parte que quiero y cuido en mí; u odio en él esta misma parte que rechazo y odio en mí.

Este camino de luz es, por suerte, un camino sin retorno.

No se descrece.

La sabia naturaleza nos puso la boca *adelante* y el culo *atrás*.

La boca, para incorporar todo lo que encontramos

(cosas que sirven y cosas que no). El culo, para dejar atrás lo no aprovechable.

Metabolismo puro.

Tomamos lo asimilable, lo útil. Desechamos el resto.

¡Es genial!

Aprendamos de nuestro aparato digestivo. Aprendamos de nuestro cuerpo.

La respuesta está siempre en nosotros mismos, sólo hay que querer buscarla... para encontrarla.

Carta 13

Claudia:

Después que cerré el sobre y mandé la carta anterior, me quedé con toda la impresión de que había estado confuso y revuelto. Esta sensación me tuvo interrumpido hasta ahora.

Me doy cuenta de que mi sensación se relaciona con el hecho de que el asunto de las críticas y de la proyección implícita es para mí fundamental.

Me gustaría mucho que hubiera quedado claro, transparente, coherente y al mismo tiempo que escribo esto, me causa molestias mi deseo de ser coherente.

–¿Qué quieres tratar de demostrar siendo coherente?

–No sé. Creo que quiero que Claudia se dé cuenta de sus propios mecanismos proyectivos.

–¿Y a ti qué te importa? ¿Quién eres tú para querer que ella se dé cuenta?

–Yo la quiero y, a partir de mi amor, quiero lo mejor para ella.

–Lo mejor para ella es su propia libertad. En todo

caso, si ella lo siente confuso, puede preguntar, ella puede decir "no comprendo".

–Es cierto.

–¿Entonces?

–Más bien me parece que estoy intentando demostrar(me) cuán inteligente soy.

–Ah... es tu viejo truco de la omnipotencia.

–Sí, creo que sí. Y, además, es el contacto con mis limitaciones. Definitivamente, a veces siento que no puedo transmitir las cosas, para dar lo que quiero dar.

–Tus límites, entonces, te interrumpen.

–*Mis límites,* cuando no los acepto, *me interrumpen.*

Ahora, la interrupción ha cesado.

Una vez resuelta una situación, mi campo de atención queda libre para ocuparme de otra.

Nuestra capacidad de darnos cuenta es limitada.

¡Sobre todo la mía!

Carta 14

Amorosa:

En parte tienes razón, aunque no totalmente.

Mi interlocutor en el diálogo de la carta anterior no era exactamente yo mismo. En *Sueños y existencia,* Fritz Perls dice:

> Yo, este Fritz, no puedo ir a casa con ustedes. No me pueden tener como terapeuta permanente. Pero sí pueden tener su propio Fritz personalizado y llevarse *ése* con ustedes. Él sabe mucho más que yo porque es una creación de cada uno. Yo sólo puedo adivinar, interpretar o teorizar respecto de lo que ustedes están viviendo. *Yo puedo ver el grano pero no sentir la picazón.*

He leído todo lo que ha sido publicado, escrito por Fritz. He visto filmaciones de sus sesiones de trabajo. Tengo guardadas todas las transcripciones que han llegado a mis manos de sus sesiones de grupo. He devorado cuanto han escrito sobre él otros que lo han conocido. Imagino saber su manera de ser, de pensar, de sentir.

Ahora, cuando estoy atascado con una situación, cierro los ojos y me imagino a Fritz allí sentado, frente a mí.

Siempre viste una guayabera con pantalón beige muy amplio, y sandalias franciscanas. Su ropa está desaliñada, su barba recortada con desprolijidad y su poco pelo, despeinado, cae sobre su frente. Tiene un cigarro encendido en su mano derecha y un pañuelo en su mano izquierda. Desde su silla me mira profundamente y yo me doy cuenta de que está dispuesto a trabajar conmigo.

Ahora, cuando estoy atascado en una situación y necesito de un terapeuta, recurro a Fritz...

(Bobada de terapeuta... ¿no?)

Carta 15

Queridísima amiga:

Me inventé un ejercicio gestáltico:
Imagino que soy una cámara fotográfica.

Me cuesta describirme. Soy una cámara con forma especial; claro, soy única; hay muchas que se me parecen... pero iguales a mí, sólo yo.

Estoy totalmente equipada para cumplir mi objetivo: retratar *este* instante de lo que está sucediendo.

Este instante.

El instante anterior ya pasó y el próximo todavía no llega; ambos están fuera de mi alcance...

...y me gusta que sea así.

Lo importante para ser una buena cámara es conseguir una buena imagen de la realidad.

El mecanismo es el siguiente:

Primero, busco aquello que me llama la atención.

Lo pongo frente a mí.

Mido la distancia que hay entre eso y yo.

Elijo una distancia útil, no siempre la distancia que

elijo es la misma, a algunas cosas me acerco más, de otras me mantengo siempre bastante lejos.

Luego, con suavidad —porque mi mecanismo es muy suave—, incorporo lo exterior a mi interior.

Tengo una película muy sensible y puedo sacar muchas fotos. Si bien el rollo de película es casi interminable, mi vida útil como cámara, no. Llegará un momento en que mi existencia terminará.

Pensar en eso no me angustia, es parte de mi ser cámara.

...Mientras tanto... me importa ser cada vez más fiel a lo que veo. Es cierto, mi imagen de lo exterior nunca será "perfecta", pero en realidad tampoco me importa que lo sea.

Parte de mi equipo es un grupo de lentes y filtros que aumentan mis posibilidades.

Hay cosas que los filtros dejan pasar y cosas que no. Esto puede ser muy útil. Por ejemplo, impiden que entren cosas dañinas (como un estímulo demasiado poderoso). Permiten también teñir mi impresión de un tono específico (ver todo rosa, ver todo azul, ver todo gris), según mi estado de ánimo.

¡Es fantástico...!, aunque peligroso, si accidentalmente me olvido que es por el filtro que lo veo así.

Las lentes me sirven para aumentar o achicar mi campo perceptivo. Con una de ellas puedo ver el pequeño detalle de las cosas; con otra tengo una vista panorámica y global de los sucesos. Aquí también, cuando pongo la lente adecuada a mi intención, todo sale bien.

Cada hecho requiere un tiempo diferente para ser registrado; por eso, una de mis regulaciones es la del tiempo de exposición.

Todos los proceso implican tiempo. Y éste depende de la velocidad de los hechos, de su intensidad y de mi interés.

Cuando algo implica mucho tiempo, recurro a un elemento que llevo conmigo: un trípode. Éste me permite esperar con comodidad un hecho... sin apurarme... sin ansiedad... sin riesgo de retratar lo equivocado, cuando lo que espero sucede.

Cuando estoy paseando, sin expectativas, sin objetivos y con la lente al descubierto, puede suceder que se me conecte el disparador automático. De repente siento: ¡clic! y sólo después me doy cuenta de lo que incorporé.

Estas fotos suelen ser las mejores, nada programado o intencional, nada voluntario; sólo el ¡clic! imprevisto y espontáneo.

Casi me olvido de algo importante. Tengo una tapa. Cuando me la pongo, el mundo desaparece y estoy en contacto sólo conmigo. Es muy útil para alejarme un poco de lo de afuera y también para descansar.

Es importante tener mucho cuidado con correr la película después de cada foto. ¡Ésta es una limitación para tener en cuenta siempre!

Sólo puedo sacar una foto por vez.

Cualquier intento de incorporar dos situaciones juntas, resultará en una superposición (imagen confusa) o en una foto velada (falta de imagen).

Por suerte, últimamente he logrado incorporarme un dispositivo de seguridad que permite que, hasta no haber terminado todo el proceso con una situación, sea imposible comenzar con otra.

Este dispositivo es una gran ayuda, pero más me gusta tener presente yo misma el límite:

No puedo ocuparme de más de una cosa a la vez.

Eso, eso...

No puedo ocuparme de más de una cosa a la vez.

Carta 16

Claudia:

No hay traducción para gestalt.

En alemán, puede querer decir *forma* o *conjunto*. Para nosotros, es algo así como una dupla de *figura-fondo*.

Como te decía cuando era cámara fotográfica: sólo es posible ocuparse de una cosa a la vez; esta cosa es la *figura;* el resto, todo el resto, es el *fondo* de eso que me ocupa en este momento.

De instante en instante, algo desde el fondo pasa a primer plano y se transforma en figura, al tiempo que aquella se resuelve o es vuelta al fondo.

De hecho, estas dos formas son las únicas que podemos usar para pasar de una figura a otra. La vuelvo al fondo o la resuelvo.

Una de las expresiones gráficas más claras de este fenómeno, es el de los perfiles y la copa (atribuidos a Dalí). Cada uno puede ver la copa en negro (sobre fondo blanco) o los perfiles en blanco (sobre fondo negro), pero nadie puede ver las dos figuras a la vez. Es claro, ¿no?

Un ejemplo práctico (y que por otra parte es el que July me dio a mí), podría ser el siguiente:

Me estoy ocupando de una interesante conversación contigo. De pronto, siento tensión en mi vejiga, que identifico con mis ganas de hacer pipí.

No quiero interrumpir mi conversación y entonces, por un momento, consigo mandar mis ganas de hacer pipí de vuelta al fondo y mantener esta conversación como figura.

Sin embargo, si la conversación se prolonga, llegará un momento en que la necesidad de hacer pipí se impondrá y ya no podré volverla al fondo.

La única posibilidad que tengo para poder atender la conversación es suspenderla por unos minutos para ir al baño y continuarla luego. De lo contrario, no podré estar en ninguna de las dos cosas: ni contigo ni con mi pipí.

Estar interrumpido es hallarse en una situación donde dos figuras (o más) compiten por ser resueltas. Dos contenidos se desplazan mutuamente, consiguiendo paradójicamente permanecer irresueltas.

Interrumpir, paradójicamente, *no* es hacerte esperar unos minutos; interrumpir es seguir conversando contigo y estar pendiente de otra cosa.

Para la gestalt, este tema de las interrupciones, junto a su derivación obvia: las situaciones inconclusas, son el punto de partida fundamental de la tarea terapéutica: conectarse a cada momento con el aquí y ahora.

Éste no es un concepto nuevo, ni siquiera "gestáltico". En 1927 un investigador llamado Zaigernik realizó una experiencia que luego sería confirmada por otros científicos del área de la conducta.

Zaigernik tomó una muestra de la población al azar (incluidos niños, adolescentes y ancianos de ambos sexos). Dijo a los sujetos que les iba a proporcionar una serie de tareas (veinte) para que completaran, y que cada una tenía un límite estricto de tiempo. Las tareas eran la solución de problemas matemáticos, el ensartado de cuentas, la copia de figuras y la construcción de objetos con cubos y otros materiales.

Siguiendo su plan, les daba a los sujetos las tareas y sus consignas, una por una. Sin importar la velocidad a la cual trabajaran, se les permitía terminar realmente la mitad de las tareas. En la otra mitad, los sujetos eran interrumpidos antes de finalizarlas, dejándoles suponer que el tiempo asignado había expirado. El verdadero experimento comenzaba aquí. Una vez completadas o interrumpidas las veinte labores, se les pedía a los sujetos que hicieran una lista de las tareas en las cuales habían trabajado.

Resultado: como promedio, los sujetos recordaban el doble de tareas incompletas respecto de aquellas que se les había permitido completar.

Muchos sujetos pedían al experimentador las tareas inconclusas (aun sabiendo que la experiencia había concluido) para terminarlas. Y más aún, en algunos casos, dejándolos solos en las mesas de trabajo, éstos revisaban entre los papeles las tareas inconclusas y hasta registraban el escritorio del experimentador en su busca, para poder terminarlas.

El hecho de recordar mejor las tareas incompletas que las completas, conocido desde entonces como "efecto Zaigernik", se interpretó en ese momento como la pauta de que existía un sistema de *energía motivacional* puesta al servicio de una tarea cuando ésta se comienza y que, por supuesto, sólo se agota si esta tarea se concluye. En caso contrario, permanece como energía flotante e indisponible para otras tareas.

Desde mi propia manera de comprender el efecto Zaigernik, éste es el más claro ejemplo de cómo las situaciones inconclusas, si bien pueden ser postergadas y enviadas al fondo de nuestra conciencia, quedan allí durante algún tiempo, pero antes o después pugnarán por hacerse figuras para reclamar resolución.

Algunos años después, seguidores de Zaigernik continuaron el experimento de la siguiente forma:

En un nuevo test volvían a darle a los examinados las pruebas no resueltas. Una vez más, dejaban al sujeto concluir cincuenta por ciento de ellas (cinco) interrumpiéndolos en las otras cinco. Entonces, se le volvía a preguntar en qué pruebas había trabajado y se comprobaba (otra vez) que las pruebas no concluidas eran doblemente recordadas en relación a las otras. Y un dato más: estas últimas pruebas, primero interrumpidas y luego concluidas, no eran más recordadas que aquéllas terminadas en el primer intento (cosa de brujos, ¿no?).

Exagerando: si desde mi fondo, infinitas situaciones pugnan por ser resueltas, no podré abocarme a ninguna figura y mi capacidad de conexión con el aquí y ahora será nula.

Hace pocas semanas, un viernes, alrededor de las cuatro de la tarde, tuve un fuerte dolor abdominal, me sentí mareado y con un repentino cansancio. (Un médico hubiera dicho que era una indigestión.)

El caso es que no me sentí en condiciones de atender a mis pacientes citados, en especial por mi falta de ganas de atenderlos. Escribí una nota que decía:"Hoy no voy a atender por el resto del día. Siento no haber podido avisar antes".

...Y dejé la nota pinchada en la puerta, antes de irme a casa.

Algunos de mis pacientes no preguntaron, otros preguntaron y les dije que no estaba en las condiciones en que a mí me gusta atender, dado que había cosas que me estaban interrumpiendo. Emma, una de mis pacientes, al recibir esa respuesta se levantó, se acercó, me dio un beso y me dijo:

–¡Gracias!

Yo me sorprendí. Ella volvió a su asiento y me dijo:

–Doctor, esto me confirma todavía más que cuando usted está, ¡*está!*

Cada conjunto de una figura y un fondo es una gestalt.

Cuando una situación se hace figura, es para reclamar una solución. Cuando postergo ésta (como el ejemplo de la pipí), tengo presente que en algún momento la resolveré y que si no lo hago, aquella situación no resuelta se me impondrá cada vez, interrumpiendo el natural devenir de los hechos en ese momento.

En cambio, si consigo resolver cada figura cuando aparece, si consigo *cerrar* esa gestalt que estaba abierta en la figura que reclamaba resolución, si consigo ocuparme de instante en instante de la figura, entonces, en ese momento en que la figura se resuelve y antes de que otra figura (desde el fondo) ocupe el lugar... en ese momento, consigo la armonía total... la absoluta paz interior... el estado de satori.

En nosotros, los occidentales, este estado dura un instante, porque al instante siguiente, algo del fondo se hace figura y el proceso recomienza.

Algunos orientales consiguen ese estado por días o por semanas.

Hasta que lleguemos a esa posibilidad (cosa que dudo), tratemos de resolver cada vez más situaciones cuando surjan y recuperar una y otra vez la armonía entre afuera-adentro y entre yo y yo mismo.

No te interrumpas... date permiso... date tiempo... date lugar... date todo...

Finalmente, tú eres, para ti, el centro del mundo en que vives, así como yo soy para mí el centro del mundo en que yo vivo.

Carta 17

¡**Y** sí! Suena egocéntrico.

Lo es. ¡Lo es!

Es que, ¿en qué mundo vivimos?

¿Vivimos acaso en un mundo constituido por las cosas de afuera? ¿Un mundo hecho de aquello que perciben mis sentidos allá en el exterior?

Aparentemente es así. Sin embargo... si yo muriera hoy, ¿que pasaría con esas cosas de afuera, estas cosas del mundo?

Es evidente que no seguirían siendo "las mismas cosas: mis zapatos ya no serían mis zapatos, mi cuerpo no seguiría siendo mi cuerpo, estas cartas cambiarían de significado, mis hijos serían diferentes... En resumen: mi mundo desaparecería si yo desapareciera.

¡Atención!: No EL mundo, MI mundo.

Vuelvo, pues, a mi pregunta: ¿vivimos en el mundo de las cosas de afuera o vivimos en el limitado y grandioso mundo de mis cosas, MI MUNDO?

¿Cómo no sentirme el centro de este universo en el que vivo, si toda su existencia depende de la mía? ¿Cómo sentir diferente si todas las líneas pasan por mi centro? ¿Cómo podría ser de otra manera, si todos los hechos me incluyen de alguna manera?

No sería bueno que te confundieras, esto *no* significa creerse el centro de EL mundo. Sería terrible para ambos que cuando nos encontremos, yo pretendiera ser el centro de tu mundo o peor aún, te cediera el lugar de ser el centro del mío... ¡AH, NO!

Cuando tú y yo nos encontremos
seremos dos mundos que se encuentran,
seremos dos universos en contacto.
Tú, un universo con centro en ti
y yo, un universo con centro en mí.
¡Será maravilloso!
Cuando tú y yo nos encontremos...

Carta 18

Claudia:

Son aproximadamente... las tres de la madrugada... Acabo de despertarme: mi hija se quejó y me levanté a atenderla.

Al volver a mi cama, "el sueño" se había ido. Di dos o tres vueltas hasta confirmar que no iba a volver a dormirme y luego recordé: "Es el sueño el que trae el cerrar los ojos y no el cerrar los ojos el que trae el sueño".

Así que me levanté.

Estoy en la cocina de nuestra casa de veraneo. Escucho el rumor del mar... Salgo a la puerta. Es noche cerrada todavía. Estoy a escasos cien metros de la playa...

Hacia mi derecha está el faro: imponente, majestuoso, alto, soberbio... permanentemente regala dos haces de luz que bañan el frente de la casa, mi pequeño jardín, las casas de enfrente y se pierden después en el mar...

...Entro. Caliento agua; quiero tomar mate... Acerco la grabadora, la conecto, está puesto el casete de música barroca...

...Vivaldi. El mate. Tú. Ahora el *Adagio* de Albinoni. Otro mate. Yo conmigo. Quiero fumar menos. No quiero

97

dejar de fumar; sólo fumar menos; ¿menos que qué?, ¿menos que quién? Menos que yo hace un mes.

Hasta mis vacaciones, fumaba entre cuarenta y cincuenta cigarros diarios y me hacía daño. Ahora, fumo menos de veinte y me siento mejor. Quiero fumar menos, quizá cinco o seis cigarros por día.

Dirás: "¿Y a mí qué me importa?".

Diré: "¿Y a mí qué me importa lo que a ti te importe?".

Dirás: "¿Por qué contestas una pregunta con otra pregunta?".

Diré: "¿Y por qué no?". (Chiste viejo, demasiado viejo...)

Son ahora las seis. Finalmente, decidí seguir con el mate en la playa y ver el amanecer sentado allí.

Fue muy hermoso... MUY hermoso.

Hacía muchos años que no veía un amanecer en la playa. El sol surgiendo desde el mar y miles de gaviotas sobrevolando la orilla y yo, formando parte de todo el paisaje.

Carta 19

Claudia:

¡Cuánto tiempo sin escribirte!
No tenía ganas
¡Y me niego a escribirte sin ganas!
Casi siempre puedo elegir entre cantidad y calidad.
La cantidad la encuentro relacionada con el esfuerzo.
Cuando trato,
    cuando intento,
       cuando me presiono
          cuando me obligo
            cuando me impongo... entonces, te doy
más, quizá mucho más, pero no te doy mejor
Lo mejor de mí
    lo más bello de mí
       lo más constructivo de mí
         es lo que quiero darte
           lo que me surge sin esfuerzo.

Porque la calidad está en relación con el deseo.

Por alguna trampa de nuestra educación, tendemos a creer que la cantidad se transformará en calidad.

Cuando sentimos insatisfacción, a veces, exigimos *más* y en realidad queremos *mejor.* No nos damos cuenta de que la respuesta del otro a mi exigencia no puede ser *mejor.* Su respuesta sólo puede ser *más.*

Cuando me pongo necio te exijo que me prestes *más atención,* que te ocupes *más* de mí, que me des *más* cosas, que me dediques *más* tiempo, que me quieras *más...* ¡que me quieras más!, como si tú pudieras hacer algo para quererme más.

En última instancia, cuando me pongo necio, exijo.

¡Exigir! Hay dos maneras de exigir: una es explícita y evidente, por lo menos, la virtud de lo franco; la otra es turbia y subyacente.

Ninguna de las dos se parece a *pedir.*

Pedir es enunciar mi deseo con claridad y permitirte decir *Sí* o *No,* dejarte la posibilidad de elegir.

En la exigencia, en cambio, no acepto un *No* como respuesta. Esto que yo quiero es lo que tienes que hacer o lo que corresponde que hagas.

Dentro de mí, yo ya decidí (?) que debes decirme que *Sí.*

La más cruel y hostil de mis exigencias es aquélla en la que ni siquiera te digo lo que quiero. Lo que espero de ti ahora es titánico.

Primero, tienes que adivinar qué es lo que estoy esperando y después, por supuesto, dármelo.

La exigencia aquí es implícita. Yo sólo sugiero sutilmente mi expectativa y descanso con todo mi peso sobre ti...

Si tú adivinas, yo aceptaré graciosamente lo que *desde ti* decidiste darme. Si no adivinas, entonces siempre tengo a mano la postura que me permite soltar: "Podrías haberte dado cuenta".

Aprender a pedir es uno de los grandes desafíos del ser persona.

No toda la gente sabe pedir. Conozco a quienes jamás han pedido nada, o "peor", jamás *han podido* pedir nada. Ellos sienten que pedir es ponerse en manos del otro. No pueden aceptar que no son autosuficientes. Temen a sus propias debilidades y, sobre todo, cualquier rasgo que implique dependencia, los aterra.

Muchos de ellos se ufanan de no pedirle nada a nadie. Pero bucea un poco en su historia personal, en sus conductas habituales, en sus relaciones más cercanas y encontrarás siempre lo mismo: *exigencias veladas* y detrás de ellas más exigencias.

> Lo mejor de mí que puedo darte
> es lo que quiero darte.
> Lo mejor de ti que puedes darme
> es lo que quieras darme.
> De ti.
> No quiero LO MÁS.
> Quiero LO MEJOR.

Carta 20

Cierro los ojos
y vuelo...
Aparezco donde tú estás.
Te veo.
Me acerco.
Te recorro con mis ojos.
Más cerca.
Te acaricio.
Siento tu piel.
Tus manos frías (hoy están frías).
Te huelo.
Mis labios rozan tu frente.
Y tú ni te das cuenta.
O quizá sí...
Quizá en este momento
estás pensando en mí
sin saber por qué.

Carta 21

Claudia... No comprendo qué me quieres decir con que "perdiste el tiempo".

"Perder" el tiempo, "ganar" tiempo, "tener" tiempo... Nunca comprendí bien estas frases...

Berne dice que hay seis maneras de estructurar el tiempo (y sólo seis) y que, además, todos tenemos "hambre" de tiempo estructurado.

Yo no coincido con la idea del hambre: de la necesidad de estructurar el tiempo; o mejor, más que no coincidir es que no creo que sea hambre, creo que es un hábito, una pauta cultural.

Intentan hacernos creer que necesitamos estructurar el tiempo, saber qué vamos a hacer con él.

Sin embargo, el planteamiento de Berne de las maneras de usar el tiempo, puede ser útil para incorporar un "darme cuenta" de *cómo uso* mi tiempo.

No *el* tiempo, sino *mi* tiempo.

Las seis maneras de Berne son:

1. La intimidad.
2. Los juegos de vida.
3. La actividad.
4. Los pasatiempos.

5. Los ritos.
6. El aislamiento.

Es como una escalera: el último peldaño es el punto de contacto real con el otro.

Intimar no tiene nada que ver con el vínculo de pareja. Intimar se refiere a cualquier relación entre dos seres que son auténticamente libres y permiten que el otro sea auténticamente libre.

Intimar deriva de ín-timo. El timo es una glándula que se encuentra en los niños pequeños dentro del tórax, muy cerca del corazón y que cumple un ciclo vital, atrofiándose a medida que el niño crece. En la pubertad, ya no existe.

Intimar es sentir a alguien dentro de mi pecho, cerca de mi corazón, adentro de mí.

Los juegos son las secuencias repetidas a través de las cuales me relaciono con otro, creyendo que intimo.

Son intercambios ulteriores (tienen un mensaje encubierto, una transacción subyacente) y se denominan *juegos* porque tienen jugadores, reglas, comienzo, desarrollo, fin, ganadores y repartos de premios.

Eric Berne escribió todo un libro listando los juegos que jugamos (*Games the People Play*), que yo creo vale la pena leer.

Como ejemplo de juego, vaya el del triángulo de Karpman.

Este juego es para tres jugadores:

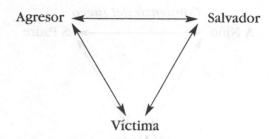

La secuencia es bien conocida: el agresor daña a la víctima y el salvador trata de evitarlo.

Todo esto es aparente, claro, porque si realmente lo salvara o si el agresor realmente eliminara a la víctima, el juego terminaría y ninguno... repito: NINGUNO de los jugadores quiere dejar de jugar.

Esta continuidad se consigue de dos formas: una es la de dos jugadores con papeles elegidos estáticos —por ejemplo, un agresor y una víctima— que buscan nuevos actores para jugar el tercer papel, necesario para la situación dramática.

Cuando el salvador se cansa, se rinde o se va de vacaciones, aquellos dos buscan otro actor.

La otra forma de permanecer es mucho más sutil y requiere de buenos y dúctiles jugadores: consiste en la permanente rotación de papeles. Nadie se aburre y se puede llegar a niveles "profesionales".

Se me ocurre darte un ejemplo:

El niño está en uno de esos días fastidiosos, llora todo el tiempo, se caga encima, nada lo conforma... y cuando la madre se altera, el niño empieza a romper cosas. La madre se declara impotente y espera la llegada del padre (*¡Vas a ver cuando llegue tu papá!*).

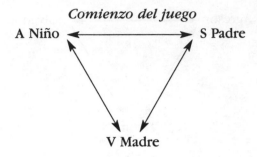

Comienzo del juego

A Niño ⟷ S Padre

V Madre

Cuando el padre llega, la madre le cuenta y le exige que haga "algo" (?)... (*¡Porque así no se puede seguir!*).

El padre le pega al niño. El niño llora "desconsoladamente". La madre se acerca a "consolarlo" (*Bueno, bueno, bebé, ya pasó*).

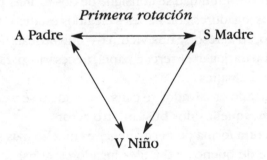

Primera rotación

A Padre ⟷ S Madre

V Niño

El padre se siente estafado y desautorizado; entonces se pone firme y exige que continúe el castigo. La madre le dice que es un bruto y un sádico, y en una crisis nerviosa empieza a tirar platos. El niño se acerca al padre y lo lleva a su habitación.

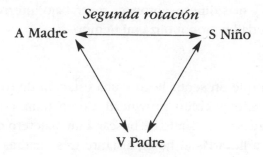

Segunda rotación

A Madre ← → S Niño

V Padre

Así, el juego continúa hasta agotar todas las rotaciones posibles, para luego... recomenzar por la primera.

(Lindo rebusque, ¿eh?)

Quiero aclararte que cualquier parecido entre la secuencia de este juego y alguna situación de la política internacional, es mera coincidencia.

La *actividad* es el trabajo: la producción, la tarea laboral, remunerada o no.

No todos tienen la suerte (?) de trabajar en algo que les dé placer y que les permita ejercer, desde la actividad, la capacidad de intimar.

Para aquellos que hemos podido elegir una profesión como la mía, por ejemplo, una tarea que se ejerce sin esfuerzo, disfrutándola... que enriquece y que, lejos de cansar, descansa... Para nosotros, digo, todo es más fácil.

Para los que no pudieron elegir, hay dos posibilidades: elegir cambiar de trabajo —a un costo determinado— o reelegir esta misma tarea, dedicándole sólo el tiempo estricto que esa actividad requiere.

Cuando protesto por mi trabajo, *antes* de mi trabajo, *durante* mi trabajo y *después* de mi trabajo; o cuando entro en la carrera económica y vivo ocupado en ganar más y más dinero, entonces mi trabajo interrumpe mi intimidad y monopoliza mi tiempo.

Cuentan que un señor llegó a una estación de tren, en un pequeño pueblito provincial. Como tenía consigo tres pesadas valijas, trató de buscar a un maletero que le ayudara a llevarlas al hotel, distante tres cuadras de la estación.

Preguntó al guardavías y éste le dijo que buscara a Juancho, a quien encontraría quizá en la plaza frente a la estación. El señor cargó sus valijas hasta la plaza y allí, tendido al sol, sobre un banco... encontró a un barbudo y desaliñado lugareño, que supuso era Juancho:

–¿Juancho?

–Sí... ¿Eh...? (sin moverse).

–¿Usted es Juancho?

–...Sí, señor (sin moverse).

–¿Usted es el maletero?

–¡Ajá! (sin moverse).

–¡Usted tendría que estar en la estación y no aquí, en la plaza.

–¿Y para qué...?

–¿Cómo para qué? Estando allí encontraría por lo menos diez veces más pasajeros que estando aquí.

–¿Y para qué quiero diez veces más pasajeros...?

–¡Para ganar más dinero!

–¿Y para qué?

–¡Pero hombre!, para comprar... una moto, por ejemplo.

–¿Y para qué?

–Para llevar las valijas en la moto.

110

–¿Y para qué?

–Para hacer más viajes en menos tiempo.

–¿Y para qué?

–Para ganar más dinero y con un poco de suerte... podría transformarse en un empresario de los transportes.

–¿Y para qué?

–¡Para ganar mucho dinero!

–¿Y para qué?

–Cuando tenga mucho dinero podrá vivir sin trabajar y descansar todo lo que quiera.

–(*Abriendo un ojo.*) ¿Y ahora qué estoy haciendo...?

Los *pasatiempos* son intercambios con el mundo, que hago para "pasar el tiempo".

Berne dice que hay dos categorías: la *lúdica* (ajedrez, canasta, tiro al blanco, etcétera) y la *sofisticada*, que se desarrolla verbalmente. Ejemplos: "Qué lindo auto, ¿qué modelo es?"; "¿Dónde compraste ese vestido?", "¿Qué opinas del psicoanálisis?", "Tú crees en Dios?", etcétera, etcétera...

(Para la gestalt, los pasatiempos y los ritos se actúan desde la capa más superficial de la personalidad y no comprometen para nada a la persona.)

Los *ritos* son intercambios repetidos, secuenciales y previstos. Transacciones sin sorpresas.

Se usan para obtener de ellos la falsa seguridad que muchas veces creemos necesitar y que otras tantas nos inducen, convencen o enseñan que necesitamos.

Los ritos tienen diversas intensidades. Desde la religión, la "cultura", los aniversarios, los días de la madre, etcétera, hasta el sencillo rito del "hola, vecino, ¿qué tal?".

111

...Es importante crear comisiones que adiestren a los nuevos vecinos de cada barrio, para que respondan adecuadamente a esa pregunta. En mi barrio, al menos, la respuesta adecuada a "hola, ¿qué tal?", es:

–Hola, ¿qué tal?

En el caso del vecino más próximo puede responderse:

–Bien, ¿y usted?

En cuyo caso el diálogo DEBE proseguir así:

–Bien, gracias.

¡FIN DEL ENCUENTRO!

Consejo: nunca se te ocurra contestarle a tu vecino qué tal te va cuando te pregunta "qué tal te va"; correrías serio riesgo de no ser saludada de nuevo, y podrías llegar a ser expulsada del barrio.

Desde su propia visión, Leo Buscaglia —en su libro *Vivir, amar y aprender*— cuenta algo similar. Pregunta Buscaglia por qué la gente, cuando sube a un ascensor, se coloca de cara a la puerta. Todos paraditos con las manos pudorosamente alejadas de toda posibilidad de roce con los otros:

Cuando yo entro a un ascensor, jamás giro hacia la puerta. En general, me pongo de frente a todos y los miro. A veces digo:

–¿No sería maravilloso que el ascensor se quedara trabado unas horas y nos diera tiempo para conocernos?

La respuesta es siempre la misma. En el siguiente piso, todo el mundo se baja gritando:

–¡Ahí hay un loco que dice que quiere que el ascensor se pare...!

En lo personal, confieso públicamente que tengo un ritual: *detesto los ritos.* Los detesto a tal punto, que jamás hago regalos de cumpleaños (salvo a los niños, para quienes el cumpleaños tiene otra connotación). Jamás recuerdo ningún aniversario. Hace muchos años que no profeso religión, ni visito cementerios. He dejado de llevar las cuentas de los años que hace que...

Ser tan antirritualista es decididamente un rito.

El *aislamiento.* Ésta es la situación de puerta cerrada para con el mundo.

Aquí no hay intercambio con el medio.

También tiene dos alternativas: una que llamo *estar solo* y otra que llamo *sentirse solo.*

La diferencia es la medida en la cual soy suficiente compañía para mí mismo. Cuando me siento solo (aun cuando esté rodeado de gente) no me acompaño conmigo, siento dentro de mí la soledad. Estar solo, en cambio, puede ser también una elección. Puede ser una manera de estar más conmigo que nunca.

Cuando equiparé estos seis puntos a una escalera, quise significar que cada peldaño que descendemos nos alejamos más de los demás, nos alejamos de la posibilidad de intimar.

Cada contacto con el medio es un estímulo. El único escalón en el cual intercambio estímulos incondicionales es el de la intimidad.

Como dicen los transaccionales: "Incondicionales quiere decir que no están referidos a lo que hago, sino a lo que soy".

113

No es lo mismo:

"Te portaste mal" (condicional), que

"Eres malo" (incondicional), ni

"¡Qué bien te salió esto!" (condicional), que

"¡Qué hábil eres!" (incondicional).

Cuando me asusta el rechazo incondicional, cuando tengo miedo de lo que me darán a *cambio de lo que soy,* entonces huyo, juego o trabajo, y si no me alcanza... me refugio en los pasatiempos o en los ritos. Si no es suficiente... me aíslo.

La inversa también es cierta.

Si rompo mi aislamiento, si termino con los ritos y los pasatiempos, si trabajo en la medida que quiero y si dejo de jugar a la vida, entonces... llego al peldaño en el que quiero estar: *la intimidad.*

Carta 22

Claudia:

¡**E**s cierto!, hay muchas cosas de las que empecé a hablar y te dije que seguiría. Tú cuentas con la ventaja de tener las cartas y entonces podrás releerlas cuando quieras. SEGURO que encontrarás cosas inconclusas, cosas inadecuadas, cosas contradictorias y muchas cosas muy muy locas.

Sería extraño que no fuera así, porque... yo soy... inconcluso, inadecuado, contradictorio y muy muy loco.

Esto de hablar de mi locura, me atrae cada vez más.

La locura... ¿Qué es la locura...?

"Un loco es alguien que ha perdido *todo,* menos la razón."

"La locura es el último de los mecanismos de defensa a nuestra disposición."

Yo creo que la locura *no* es una manera "enferma" de ser, pensar y percibir. La locura es una manera *diferente* de ser, de pensar, de percibir y —¿por qué no?— también una manera diferente de "sentir".

¡Eso es!

¡Una manera diferente!

Durante aquellos años de mi especialización psiquiátrica, aprendí a contactarme con cientos de pacientes psicóticos (los "locos" del lenguaje popular). Hay un lugar muy especial reservado en mi memoria para algunos de aquellos pacientes.

Hoy, al hablarte de las maneras diferentes, recuerdo a don Marcos... Siento que aquel episodio, el día en que trajeron a Marcos a la clínica Santa Mónica para internarlo, aquel episodio que conté tantas veces, aquel episodio que mi amigo Héctor dice es la mayor expresión de sabiduría, aquel episodio, divide mi vida en un antes y un después.

Don Marcos tenía alrededor de sesenta y cinco o setenta años. Era traído por la familia con un diagnóstico de psicosis maniacodepresiva (una ciclotimia como las nuestras pero más desconectada de la realidad, episodios de gran depresión alternados con eufóricos periodos de excitación, que a veces incluye alucinaciones, conductas bizarras, delirios, etcétera). La esposa me entregó el certificado del médico que indicaba la internación, mientras don Marcos me miraba con una fabulosa y seductora sonrisa de abuelo de cuentos.

Yo: Bueno, don Marcos ¿pasamos al consultorio y charlamos un rato?

Don Marcos: Sí, muchacho.

(Y me siguió hacia la puerta del despacho. Nos sentamos.)

Yo: Don Marcos, dígame ¿por qué le parece a usted que lo trajeron aquí?

Don Marcos: Mira muchacho, lo que pasa es que mi esposa y los chicos no entienden, ellos creen que estoy "zafado".

116

Yo: ¿Por qué creen eso? ¿Qué hizo usted?

Don Marcos: Resulta que un día me encontré en el mercado con doña Zulema, la vecina de enfrente. En la cola, me contó que se le había roto el radio y que no tenía dinero para arreglarla, yo me acordé que en casa había por lo menos *dos* radios. ¿Para qué se necesitan dos radios? ¿Se pueden escuchar dos radios a la vez? Así que le pedí a la Zulema que pasara por mi casa y le regalé el radio. ¡Me sentí fenomenal! Entonces salí a la calle y empecé a preguntarle a la gente que pasaba quién necesitaba un suéter —porque yo tenía como cinco—, y después, regalé un traje —yo nunca lo usaba—, varias corbatas, un poco de dinero, unos pares de pantuflas... y cuando le estaba por llevar el reloj pulsera a un muchachito que lo necesitaba, mi familia se enojó y no me dejó salir a la calle. Llamaron al médico, que me vino a ver y dijo que viniera para aquí.

Yo: ¿Y usted sabe qué es aquí?

Don Marcos: Sí, claro muchacho, ¡qué te crees! ¿que soy tonto? Es una clínica.

Yo: Bueno, don Marcos, su médico me pide que lo internemos por unos días, para estudiar si le está pasando algo. ¿Qué le parece la idea?

Don Marcos: Dime, ¿se puede jugar al truco?

Yo: Sí, don Marcos, solemos hacer torneos todas las semanas.

Don Marcos: ¿Y al mus?

Yo: Eso no sé, porque yo no juego.

Don Marcos: Bueno, me quedo así por lo menos te enseño a jugar al mus.

Yo: Bien, ¿entonces salimos a despedir a su familia?

Don Marcos: "Clarines".

(Salimos, yo como antes, llevado por él del hombro, mientras don Marcos empezaba a explicarme el juego del mus.)

Yo: Bueno, don Marcos, despídase de su familia.

(Y de repente como si el mundo se hubiera cambiado de blanco a negro, la cara de don Marcos se transformó, su sonrisa desapareció, la voz se le quebró y rompió a llorar con desesperación, mientras tocaba la cara de sus hijos y su esposa y les repetía: "Cuídense", "los voy a extrañar", "no dejen de venir a visitarme" y no sé cuántos dolores más. Marcos apoyó su cabeza en mi hombro, sin poder parar de llorar.)

Yo: Señora, por favor deje todo en mis manos, vaya con sus hijos y llámeme si quiere en un rato, para que yo le cuente si se tranquilizó. Pero ahora, váyanse, así yo acompaño a don Marcos a su habitación.

(La familia le dio un beso más en la cabeza a don Marcos mientras éste sólo podía articular unas confusas palabras y yo trataba de disimular mis propias lágrimas.)

(Caminando hacia atrás, la familia llegó a la puerta de salida y se fue.)

Don Marcos escuchó el clic que la puerta hizo al cerrarse y separó un poco la cabeza de mi hombro. Observó la puerta. Se secó las lágrimas con la manga de la camisa. Me miró, se sonrió... y me preguntó:

Don Marcos: ¿Estuve bien?

Yo: (que no entendía nada, no sabía nada, no podía hablar) ¿?

Don Marcos: ¿Sabes qué pasa, muchacho? Hace una semana y media que me mandan a dormir y lloran como dos horas hablando sobre "cómo va a sufrir él cuando lo internen". Ellos esperaban que yo estuviera dolorido al separarme de ellos, y a mí... ¿a mí qué me costaba?

Cada vez que nos topamos con alguien que contacta con las cosas de una manera distinta de la tuya, de la mía, de la nuestra, entonces está loco. Si no piensa, actúa y cree como todos, es obvio que está loco. Loco como Colón, como Galileo, como Copérnico, como Jesús y, muy lejos de todos ellos, loco como yo.

Es cierto, hay

locuras agradables   y locuras espantosas
locuras amorosas   y locuras odiosas
locuras encantadoras y locuras siniestras

Sobre todo hay *locuras enriquecedoras* y, tristemente, también hay *locuras que empobrecen*.

La mía... ¿cuál es? ¡No lo sé!

Y sin embargo yo siento que...

a mí me enriquece...
a mi esposa le asusta...
a mis padres los confunde...
a mis amigos les encanta...
a mis hijos les divierte...
a mis pacientes les sirve...
a mis colegas los asombra.

¿Qué importa? En realidad, de *esta* locura, por lo menos, no quiero curarme.

119

"Qué importa", dije. Nada es importante. Me gusta, lo quiero, lo detesto me importa (adentro), pero afuera nada es importante, o lo que es lo mismo, todo es importante. Todo es igual de importante.

¿Cómo?

Por un lado, *ser* importante parece una cualidad del objeto, del hecho, de la situación. *Me* importa, es mío. Cuando me importa me integro, me contacto, me comprometo.

Por otro lado, los conceptos de *todo* y *nada* son, respecto de este punto, equivalentes. Es tan indefinido el concepto de uno como de otro. En algún lugar de nosotros mismos, *todo* y *nada, todos* y *ninguno* son la misma cosa: una nebulosa indiferenciada que circunstancialmente me sirve para definir lo que con seguridad no sé, no me atrevo o no quiero definir.

El otro día, Lidia me dijo:

–Desde que te conozco, cada vez te importan menos cosas.

Iba a decir que sí. Y después, que no. Y después, pensé sí o no, ¿qué importa?

Lidia tiene razón.

Y a la vez, no tiene razón.

Cada vez me importan menos cosas y sin embargo...

Cada vez me importan más las cosas que me importan.

¿Cómo se entiende?

¿No se entiende?

¿O sí...?

¡Qué importa!

Carta 23

Amada:

Te repito que no. Para nada. Yo no estoy en contra del psicoanálisis. Siempre y cuando me aceptes una restricción: estamos hablando de honestos y auténticos psicoanalistas, no de improvisados, no de gente pequeña, estamos hablando de terapeutas que han elegido la técnica psicoanalítica.

Lo que creo es que, como otras técnicas de ayuda, tiene indicaciones específicas, indicaciones indiferentes y, por supuesto, tiene contraindicaciones.

Creo, además, que es una técnica antigua, que en la mayor parte de los casos ha sido mejorada por las nuevas aportaciones.

Alguien podría creer que digo esto por considerarme a mí mismo incapaz de ser psicoanalista. Bien, a ese alguien yo le contesto:

–¡Tiene razón!

Yo estoy seguro de que sería un pésimo psicoanalista. Alguna vez, mientras estaba en un grupo de estudio psicoanalítico acosté a alguna de mis primeras víctimas, quiero decir pacientes, en un diván... Nuestra última sesión fue aquel día que él me dijo:

–Doctor... ¿Duerme?

Y ahí me desperté.

Creo que si sólo existiera el psicoanálisis, yo tendría dos caminos y sólo dos:

1. Inventar la gestalt.
2. Dedicarme a otra cosa —que seguramente no sería la medicina (me relamo pensando en un taller de carpintería).

William Shultz dice:

Si a un terapeuta le incomoda mirar a la gente a los ojos, desarrollará una teoría que requiera situar al paciente fuera del campo visual; si se siente torpe cuando debe tomar la iniciativa, construirá una teoría que sólo demande al terapeuta responder; y si se aburre con facilidad, se adherirá a una teoría que lleve a los sujetos a gritar, vociferar y pelear... (refiriéndose al psicoanálisis, la terapia rogeriana y la gestalt).

Es que la incapacidad bien usada es un excelente acicate para el progreso y la creatividad. El mismo Freud abrió su camino investigador desde sus pocas habilidades como hipnotizador.

La mejor manera de avalar esto que te digo es contarte que, en más de una oportunidad, he sugerido a pacientes que recurrieran a un psicoanalista; y en varias oportunidades, yo mismo indiqué la derivación.

Eric Berne tiene una frase en su libro que me parece genial:

¡CÚRESE PRIMERO Y PSICOANALÍCESE DESPUÉS!

Cuando, después de un camino recorrido juntos, un paciente que ha resuelto la mayor parte de sus conductas neuróticas, que se siente pleno, que no tiene urgencias, me comenta que siente ganas de saber más de él, que quiere indagar más profundamente en él mismo y a veces, ¿por qué no?, que quiere conocer los mecanismos de sus conductas, entonces le sugiero que vea a un analista y hago la derivación.

Otras veces, en la primera entrevista o en la segunda, el paciente me dice que quiere saber el *porqué,* que quiere explicaciones para sus actitudes, que quiere rellenar los huecos que existen en su memoria... Cuando sucede esto, suelo decirle a mi entrevistado que lo que él pide lo podrá encontrar en un tratamiento psicoanalítico.

A veces, él pregunta por qué no lo puedo ayudar yo con todo esto... Y, en general, suelo contestar que tengo seis razones: la primera es que no quiero, las otras cinco... ¿qué importan?

Carta 24

Claudia:

Hoy tengo ganas de trabajar un poco conmigo y parece que también tengo ganas de involucrarte.

Recuerdo los ejercicios del *darse cuenta* de John Stevens: *el darse cuenta del afuera y el darse cuenta del adentro...*

Afuera de mí... el pasto, ese rosal, las flores amarillas, ese árbol...

Imagino que soy ese árbol...

Soy alto... frondoso... de un tono verde oscuro, que resalta sobre el fondo más claro.

Estoy en un costado de un campo... más allá del campo, otros árboles, ninguno de mi especie. Desde donde estoy, no veo otros como yo (supongo que debe haberlos... quizá miles... A veces, me gustaría que alguno de ellos estuviera más cerca... Otras veces, debo reconocerlo, me gusta sentirme único).

Tengo un tronco fuerte y duro. ¡Es mi sostén! Me sirve para mantenerme erguido, pero no rígido. Mis ramas se expanden al aire... llenas de hojas, me permiten la comunicación plena por cada uno de mis poros...

En esta época del año, estoy lleno de flores y frutos. Ambos son expresiones de mi deseo de trascender y, seguramente, son parte de mis intentos seductores.

Me doy cuenta de que ostento con ellos... tanto como con mi sombra... una sombra densa, cobijadora y fresca, muy atractiva para casi todos los que pasan cerca y más aún para quienes requieren mi protección o cuidados...

Me doy cuenta también de que mis ramas tienen, además, miles de espinas. Éste es mi armamento defensivo; impide que los depredadores se lleven partes de mí, sin mi autorización.

Creo que, además, son el símbolo de mi maldad. ¡Claro!, no soy todo lindo y bueno. Adentro mío soy agresivo, oscuro, cerrado...

Todo esto es lo evidente. Bajo el nivel de lo evidente, me prolongo...

Unos pocos centímetros debajo de la tierra, mi tronco se divide en dos grandes ramas que se extienden hacia los costados y hacia abajo.

Mis raíces... de ellas me nutro, de ellas depende mi alimentación y mi estabilidad. Nunca pude comprender cómo sobreviven esos seres humanos, que a veces veo, sin raíces, tan inestables y tan frágiles por carecer de nutrimentos...

Amo cada parte de mí mismo...

Desde la punta inferior de mis raíces hasta la última hoja de mi copa...

Amo mis flores, y también amo mis espinas... Y, lo que más amo de mi ser árbol... es darme cuenta... a cada instante...

¡Que estoy vivo!

Carta 25

Claudia:

¡Finalmente sucedió! Vendimos el departamento donde vivíamos y compramos un chalet en las afueras de Buenos Aires.

Me parece increíble... después de tantos años, acceder por fin a esa casa.

Nunca me había dado cuenta de qué era mi departamento: 350 metros cúbicos, ubicados en algún lugar del espacio, a unos quince metros del suelo.

Vivir en el aire...

Hoy me doy cuenta de que, durante años, no tuve tierra ni cielo propios.

Todo sucedió como yo hubiera elegido que sucediera: visitamos esa casa (un parque con casa, como dice Perla) y supe que eso era lo que habíamos estado buscando. Casi con la sensación de que yo ya la conocía, hablé con el dueño:

–Me gusta la casa, quisiera comprarla.

–Es tuya.

–¡Espera! Yo tengo que vender mi departamento.

–¿Cuánto tiempo necesitas?

–No sé... ¿quince días?

–Bueno, te doy un mes. Yo, en ese mes, no busco otro comprador, y te espero.

Y no fue así. El departamento tardó más de un mes en encontrar su nuevo dueño y el dueño de la casa nos esperó todo el tiempo; dijo que él quería esa casa para nosotros.

Describiendo la casa a un amigo, le decía: "Es hermosa y muy grande; tiene 10 metros de frente y 45 metros de fondo, pero para arriba y para abajo ¡no tiene límites!".

Carta 26

Así es, dulce.

También dejar una casa implica un duelo.

Duelo, etimológicamente, está relacionado con dolor; y consiste en la elaboración interna que hago cada vez que me separo de alguien o de algo. Cuánto yo haya querido a ese algo determinará la intensidad y duración de ese duelo, pero no su existencia.

Siempre hay un duelo para pasar tras un separación.

Nuestra educación conspira contra la elaboración y aceptación de los duelos.

Recuerda los mensajes de nuestros padres y maestros, frente a nuestras pérdidas infantiles: "...Bueno, ya pasó..."; "basta de llorar...", "no era tan importante...", "ya vas a tener otro...", "no pienses en eso...", etcétera.

Tememos el duelo.

El dolor aparece como una terrible amenaza a nuestra integridad...

Y entonces, nos defendemos.

El intento más común es no comprometerme afectivamente con nada ni nadie (o lo menos posible, con los menos posibles), en la fantasía de que "si no quiero a nadie ni a nada, no me dolerá perder a nada ni a nadie".

Aviso:

NO FUNCIONA

No sólo porque este razonamiento me impide la vida, el contacto y la intimidad, sino además porque, como te dije, el duelo no depende de cuánto yo quiera a lo que se va.

El segundo intento es más terrible aún. Consiste en la velada decisión de no separarme NUNCA de NADA (¡?). Así acumulo cosas y relaciones que no finalizan jamás, que no se renuevan, que permanecen estáticas.

Colecciono libros que nunca leo, discos que nunca escucho, cajas y cajas de cartas que me han escrito personas que hace años no contacto, montones de estantes llenos de objetos que recuerdan momentos que quiero eternizar.

Barry Stevens dice:

Cuando yo tenía una familia, solía recorrer mi casa dos veces por año y detenerme unos minutos frente a cada objeto... y toda cosa que no había sido usada o disfrutada en los últimos seis meses, había perdido el derecho de permanecer y era lanzada fuera de la casa...

(¡Qué envidia!) La mayoría de nosotros tememos separarnos de las cosas, porque nos asusta necesitarlas mañana.

La variante sutil de este modelo es tomar distancia

de las cosas y las personas, en lugar de separarme. Este modelo es bien conocido por aquellas parejas que no resisten la idea de separarse y tampoco pueden permanecer unidos. Entonces "dicen" que se separan.

El "dicen" entre comillas significa que esto es sólo lo aparente. En realidad, se siguen viendo tanto o más que antes; están pendientes de lo que el otro hace, dice, piensa, quiere. Y en muchos casos salen juntos, terminando la noche en una cama.

El objetivo es claro: *no vivir* el duelo que implicaría una separación.

Cuando esto sucede así, se produce con el tiempo un vaivén en el que cada vez que uno de los dos intenta comenzar su duelo y separarse, el otro aparece... para recordar, para corregir, para rectificar, y para abortar el duelo.

Por último, hay un tercer mecanismo para huir de los duelos, que es simplemente: *negarlos.*

Esta situación de pérdida, de separación, de muerte, simplemente no existe.

"Esto que perdí, en algún lugar está
y yo lo voy a encontrar" o...
"Él está muy confundido,
cuando se tranquilice, volverá a mí", o...
"Alguien le estuvo llenando la cabeza,
pero no lo dice en serio" o...
"Sólo su cuerpo ha muerto,
su espíritu sigue conmigo"...

En esta última odiosa conducta evitadora, muchas veces mis colegas dan una ayuda a la negación. Lo hacen cuando desvaloran la pérdida. Lo hacen cuando presionan para abortar el proceso. Y, fundamentalmente, lo hacen cuando en medio de un duelo normal, sensato, esperable y sano, medican con antidepresivos a un paciente "para que salga de la crisis"... Estas conductas negadoras postergan el duelo, pero no consiguen evitarlo.

Me importa vivir con toda plenitud los duelos por mis pérdidas, por mis cambios, por mis muertes.

Si no me puedo separar de aquello que hoy no está, no podré encontrarme libre para vincularme con lo que en este momento sí está aquí conmigo.

Carta 27

Claudia:

Y a sabía que tu respuesta a la carta anterior iba a traer el tema de la pareja.

¿Será un conocimiento intuitivo sobre ti, o será una proyección mía y de mis ganas de hablar sobre el tema?

El asunto de la pareja que no se separa me recuerda siempre la diferencia que suelo remarcar a mis pacientes cuando aparece el tema:

No es lo mismo estar junto al otro, que estar enganchado al otro.

Y esta diferencia es vital.

Juntos quiere decir próximos, en contacto, uno al lado del otro y, obviamente, aceptar la posibilidad de separación.

Estar enganchados no tiene nada que ver con eso. Enganchados es, como su nombre lo indica, trabados entre sí, como dos ganchos.

¿Y esto, qué significa?

Quiere decir que una parte de uno llena un agujero del otro, y viceversa.

Yo me hago cargo de todas tus partes estúpidas, a cambio de que tú aceptes hacerte cargo de mis peores arranques. Mientras estemos juntos, yo seré el estúpido y tú el loco. Pero ojo con separarnos: porque si nos separamos, entonces tú deberás volver a ser tan estúpido como antes de conocerme y yo tan zafado como antes.

La posibilidad de separarse no existe, porque al hacerlo, cada uno de los dos tendría que reasumir su propio agujero y llenarlo de sí mismo (cosa que obviamente no estaba dispuesto a hacer cuando aceptó el enganche).

Sólo estando juntos se puede intimar.

Sólo cuando me puedo separar, tiene valor que estemos juntos.

Y relaciono todo esto con mi propia manera de ver a la pareja.

Para mí, una pareja no son dos, ni uno, sino tres.

Tres individuos diferentes: él, ella y la pareja.

Algunas parejas llevan adelante un proyecto de convivencia basado en la postura de *la pareja como uno*: van a todos lados juntos, trabajan en lo mismo, tienen parejas amigas, todo en unidad. ¡Todo! Y *todo* empieza a fracasar cuando se dan cuenta de que no consiguen inodoros de dos plazas. Y termina de fracasar cuando alguno de los dos (generalmente, terapia de por medio) comprueba que ha desaparecido como individuo y decide reasumirse como persona.

Hay parejas más "modernas", que intentan un planteamiento de *dos individuos*: Él y Ella. Donde cada uno aporta algo de sí a la relación, pero cuidando siempre su terreno y dosificando puntillosamente el compartir.

Éste puede ser un excelente modelo de relación, pero no es una pareja. Porque la pareja como tal no existe, carece de proyectos, de marcos referenciales. Este *individuo-pareja*, desde su *no existir,* no crece, no se desarrolla.

Y un día, el último de los muchos puentes que unían esas dos islas se cae, y las islas vuelven a ser islas; independientes, sí. Y también solitarias e incomunicadas.

Dejo para el final el planteamiento más sutil y seguramente el más frecuente, aunque seguramente también el menos explicitado: "La pareja está compuesta por dos individuos: *yo* y *la pareja*" (¿qué tal?, ¿planteamiento macabro, no?) y lo peor de todo es que hay relaciones en las cuales este planteamiento, hecho por uno de los miembros, es acatado por el otro, que vive en función de su pareja pero que carece (sólo él) de vida propia.

Cuando un terapeuta consigue mostrar a un paciente estas situaciones, se gana para sí la fama de "divorcista".

Toda esta perorata me sirve para tratar de comprender por qué es tan difícil la convivencia en pareja: *¡Se trata de compatibilizar los intereses de TRES!*

Cuando la armonía entre los tres aparece, es hermoso... *yo, ella y nosotros...*

...¡Me emociona...!

Asocio todo esto con una poesía (?) que escribí hace unos años:

> *En un momento soy yo conmigo;*
> *apareces tú...*
> *me relaciono, me contacto,*
> *te toco, te escucho, te huelo...*
> *somos dos.*
> *Me acerco más, te siento, me fundo...*
> *somos uno sin dejar de ser dos*

135

somos tres
los tres vibrando en el mismo nivel...

Y cuando somos tres, entonces...
mis manos y las tuyas son mis manos,
y mis dos bocas
y mi pene y mi vagina
y mi barba y mis senos;
y mi orgasmo... mi triple orgasmo...
el tuyo, el mío, el nuestro.

Es hermoso
muy hermoso
hacer el amor contigo.

Carta 28

Claudia:

Creo que cada vez me pides cosas más difíciles.

El amor... ¿qué es el Amor?

Empecemos por lo obvio.

El amor es un sentimiento y como tal está, por supuesto, en relación con el sentir... ¿Sentir qué?

No sin antes recordarte que no hay absolutos, te cuento que lo que más me gusta a mí identificar con amor es el *regocijo por la simple existencia de otra persona;* o quizá debería decir: de lo amado (persona o no).

Esto significa que amar es independiente de lo que *lo amado* haga, diga o tenga; que mi amor no depende de que *lo amado* esté a mi lado o se vaya; que cuando amo no me aferro, no manejo, no presiono. Que amar, finalmente, es la aceptación total del otro.

Recuerdo ahora a Carl Rogers:

Cuando percibo tu aceptación total, entonces y sólo entonces, puedo mostrarte mi yo más suave, mi yo más delicado, mi yo más amoroso (y sobre todo), sólo entonces puedo mostrarte mi yo más vulnerable.

Todo lo anterior separa dentro de mí el amor de tres cosas, que suelen confundirse con amar:

- Estar enamorado.
- Querer.
- Necesitar.

De *necesitar* hemos hablado, y te dije que era la imprescindibilidad de algo (como el oxígeno, ¿te acuerdas?), y yo, personalmente, dudo de que se pueda necesitar a alguien. Sí sé que a veces me autoconvenzo de que "necesito" a alguien y, sin embargo, también sé que me miento cuando así lo creo.

Siento que cuando "te necesito" dependo de ti para sobrevivir, te obligo implícitamente a hacerte cargo de mi afecto, desaparezco como persona, e intento transformarte en alimento vital.

Querer, en cambio, sabe que no existe tal necesidad, pero "querer" viene del latín quarere y significa: "tratar de obtener".

"Querer" es el deseo, el apetito.

"Querer" es *querer para mí*.

Si "te quiero" te estoy implicando en una suerte de pertenencia, en un pedido; cuando no es una exigencia de estar, de permanecer, de darme, de valorarme.

"Si te quiero, te recorto las alas y te dejo a mi lado para siempre; si te amo, disfruto viéndote crecer las alas y disfruto viéndote volar."

La primera vez que escuché esto, lo leía un locutor en el radio. Siento todavía la misma envidia que sentí ese día de que alguien pudiera ser tan claro.

Estar enamorado no tiene nada que ver con todo

lo anterior, porque para mí "estar enamorado" no es un sentimiento, sino una pasión.

Quiero ver si lo puedo graficar.

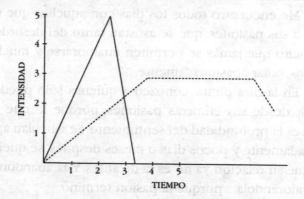

La línea continua corresponde a la pasión: un afecto muy intenso al cual se arriba rápidamente (semanas, horas y quizá minutos) y que también rápidamente desaparece.

La línea punteada es el sentimiento: con su lento e insidioso crecimiento, su duradera meseta y su lento y paulatino decrecimiento (¿Siempre? No lo sé.)

De *pasión* dice el Diccionario de la Real Academia: 1. Acción de padecer (?) 2. Lo contrario a la acción (?) 3. Estado pasivo en el sujeto (?) 4. Perturbación o afecto desordenado del ánimo.

Que la pasión es perturbadora, no tengo —personalmente— ninguna duda. ¡Atención!: esto no quiere decir desagradable.

De hecho, para mí —todavía por lo menos— enamorarme de personas y objetos es una de las cosas más bellas que me suceden...

Te diría que amo mis pasiones, en especial cuando me doy cuenta de que no las necesito, ni las quiero conmigo en forma permanente. Simplemente, me alegra contactarme cada vez con mi capacidad de enamorarme.

Me encuentro todos los días con aquellos que temen a sus pasiones, que se asustan tanto del desorden implícito que jamás se permiten enamorarse y, mucho menos, odiar apasionadamente.

En la otra punta, conozco a quienes sólo pueden sentir desde sus efímeras pasiones, porque lo que temen es la profundidad del sentimiento. Se vinculan apasionadamente y pocos días o meses después, se quejan de que su relación ya no es la de antes. Y la abandonan desvalorándola... porque la pasión terminó.

Últimamente creo que este personaje, "el apasionado", tiende a proliferar en nuestra sociedad. Todo sucede como si, en el mundo en que vivimos, algunos no encontraran un sentido claro para sus vidas, escapando con el uso de drogas y estupefacientes hacia supuestos placenteros universos...

Pues bien, se puede ser adicto a drogas externas como la marihuana, la cocaína, los ansiolíticos, las aspirinas, los hidratos de carbono (como los obesos), la nicotina o el alcohol. Y también se puede, creo yo, ser adicto a drogas endógenas.

En situaciones de peligro o de gran tensión, el organismo libera una gran cantidad de un poderoso estimulante. Esta sustancia producida en el gigantesco laboratorio del cuerpo en las glándulas suprarrenales, prepara al cuerpo para la acción: es la adrenalina.

A diario, veo en mi consultorio verdaderos adictos a la adrenalina. Estos individuos no pueden disfrutar na-

da que no suceda en medio de una situación límite. Viven su vida en el filo de la navaja; permanentemente
producen y mantienen a su alrededor hechos extremos
para poder vivenciarlos con intensidad.

No necesito aclararte que, como todas las adiccio-
nes, ésta también es peligrosa y aunque no lo creas, puede ser mortal (infarto de miocardio, perforación de úlce-
ra gástrica, asma, colitis ulcerosa, etcétera). De paso te
confieso que, para mí, ésta es la etiología de muchos hi-
pertiroidismos: adicción al efecto de la hormona tiroidea.

Como verás, a veces, el médico que fui me invade...Volvamos.

Si yo pudiera elegir cómo sentir a las personas a mi
alrededor, elegiría enamorarme con toda la intensidad
de la que soy capaz.

Elegiría que mientras esa pasión disminuye, debajo
de ella creciera el sentimiento.

Elegiría que ni yo ni el otro nos asustáramos de la
desaparición de la pasión, y supiéramos enfrentarnos
con el cambio de intensidad por profundidad.

Elegiría que ese sentimiento fuera amor y no sólo
querer.

Y, finalmente, elegiría que se diera la posibilidad de
reenamorarme, de vez en cuando, de esa persona que
amo.

Carta 29

Mi querida amiga:

Me dices que lo que escribí sobre el amor te gustó, que te aclaró cosas y agregas que te resulta difícil darte cuenta si eres amada o sólo querida o sólo necesitada...

En primer término ¿por qué quieres saber con certeza lo que el otro siente?

Creo que es un intento de reasegurarte. Lo único válido, en todo caso, es lo que sientas tú. Pregúntate más bien si TE sientes querida, necesitada, amada, y sé fiel a ese sentir tuyo.

Imaginemos que alguien te quiere, te quiere mucho y tú no te sientes querida en absoluto: ¿para qué te serviría su cariño?

Imaginemos ahora lo contrario, alguien que te quiere muy poco y tú te sientes absolutamente querida: ¿te vas a separar de él por lo que él dice que siente?

Siempre pensé que la respuesta más hermosa a un "te quiero mucho" es "y yo me siento muy querido por ti".

Lo otro que dices respecto a ser demostrativo, en mi opinión, no tiene que ver con el sentir.

143

De hecho, son cosas diferentes: "hacer", "mostrar" y "demostrar".

Toma unos minutos para responderte estas preguntas, antes de seguir leyendo:

1. ¿Qué es mostrar? ¿Para qué te muestro?
2. ¿Qué es demostrar? ¿Para qué te demuestro?

Con seguridad, habrás notado que:

"Mostrar" es hacer *algo evidente* para que tú lo veas.

"Demostrar", en cambio, es una actitud que intenta *probar algo* para que tú lo *creas*.

Todo esto significa que cuando "muestro", parto del prejuicio de que *no ves* y cuando "demuestro", parto del prejuicio de que *no crees*.

Cuando mi relación contigo no está prejuiciada... Cuando soy auténticamente yo y permito que seas auténticamente tú, entonces no prejuzgo. Por lo tanto, no te muestro nada, no demuestro que te quiero, simplemente soy yo mismo y hago lo que siento, sin ocuparme de que lo veas o de que lo creas.

Y lo veo tanto así, que cuando me encuentro a mí mismo tratando de mostrar algo, o queriendo demostrar lo que soy o lo que siento, me doy cuenta de que estoy manejando, que no me estoy siendo fiel, que estoy condicionado y condicionante. Y últimamente... cuando muestro y demuestro, me siento ridículo.

Tienes todo el derecho de no ver y, sobre todo, el derecho de no creer. ¿Quién soy yo para querer que tú veas o creas lo que yo veo o creo?

Si todos estos argumentos no fueran suficientes,

me pregunto ¿de dónde sé yo que no verías si no te mostrara?, o ¿no creerías si no lo demostrara?

Es evidente que la única manera es: Yo, en tu lugar, no hubiera visto o: Yo, en tu lugar, no creería.

¡Proyección! Pura proyección.

Porchia dice:

Si Yo soy Yo porque Tú eres Tú y Tú eres Tú porque Yo soy Yo, entonces ni Yo soy Yo ni Tú eres Tú.

Pero si Yo soy Yo porque Yo soy Yo y Tú eres Tú porque Tú eres Tú, entonces sí:

Yo soy Yo y Tú eres Tú.

Carta 30

Ay, Claudia:

Por fin me pides algo fácil.

El orgasmo es nada más que la inevitable consecuencia de hacer el amor.

Por si no está claro:

LA INEVITABLE CONSECUENCIA DE HACER EL AMOR.

Carta 31

Claudia:

No quiero correr, tampoco detenerme. Quiero caminar.

¿Qué diferencia hay entre correr y caminar? ¿Es velocidad? No, estoy seguro de que no. Se puede caminar rápido y también se puede correr con lentitud. ¡No! No es eso.

Acabo de salir a la calle... corrí y caminé, rápida y lentamente. Entonces me di cuenta... Cuando camino, siempre uno de mis pies está en contacto con el suelo. ¡Siempre! Cuando corro, hay un momento, un instante, en el cual estoy en el aire, sin ningún contacto con el piso. Esto me aclara por qué el riesgo de caer es mayor cuando corro.

No quiero correr, quiero caminar.
–¿Caminar? ¿Hacia dónde?
–Hacia adelante.
–¿Dónde es "adelante"?
–No lo sé... Adelante es hacia donde voy.
–¿Cómo? ¿Retroceder no existe?
–No, hoy creo que no.

Carta 32

Claudia:

Vuelve a tu niñez y déjame que te cuente un cuento,
o mejor dicho, dos.

ILUSIÓN

Había una vez un campesino gordo y feo
que se había enamorado (¡cuándo no!)
de una princesa hermosa y rubia.
Un día la princesa (vaya a saber por qué)
le dio un beso al feo y gordo campesino...
y mágicamente éste se transformó
en un esbelto y apuesto príncipe...
(por lo menos, así lo veía ella)
(por lo menos, así se sentía él).

El jazmin feo feo

Habia una vez un jazmin que se habia enamorado de una dalia. El jazmin era muy feo. La dalia era muy lindo pero estaba enamorada de un gladiolo. Un dia la dalia salio a pasear con el gladiolo. El jazmin estaba muy triste. El gladiolo era muy lindo pero malo, el jazmin era feo pero muy bueno. Entonces la dalia se cazo con el jazmin nordie rabia porque la dalia eligio al jazmin que era azqueroso. Pero bibieron juntos y felices muchos muchos años.

Moraleja: no importa lo de afuera importa lo de adentro

Demián

El primero de estos cuentos es mío y lo escribí hace unos años.

El segundo lo escribió mi hijo cuando tenía ocho años y está transcrito tal cual.

¡Ocho años! ¿Te das cuenta...? *¡Ocho* años! ¡Qué envidia!

Me llevó más de treinta años de vida, diez años de estudio, cuatro años de terapia, siglos de existencia, descubrir esto que mi hijo resume en una frase a sus ocho años: "No importa lo de afuera, importa lo de adentro".

Hace unas semanas, en uno de los grupos, un paciente, Gerardo, comentó algo que había leído: que los hijos son como un enano subido a los hombros de un gigante (y es tan cierto).

Pienso en mis hijos... ¡cuánto los amo...!, y recuerdo ahora: "...si te amo, disfruto viéndote crecer las alas y disfruto viéndote volar".

Demián y Claudia entran en esta habitación, se sientan en el suelo y me miran escribir.

Dejo de escribirte a ti... Les escribo a ellos.

Hijos...
Me gustaría ser su plataforma de despegue
me gustaría ser su viento favorable
me gustaría ser un espacio muy abierto
y a qué negarlo
me gustaría ser un compañero de vuelo.
Pero me doy cuenta
de que ninguno de ustedes me necesita para volar
lo único que ustedes realmente *necesitan*
es tenerse a ustedes mismos.
¡Con eso basta!

Carta 33

Amadísima:

En una de las primeras cartas, te dije que una de las caracteríticas de los neuróticos es la inmadurez y agregué que este concepto se relaciona con transferir el apoyo ambiental al autoapoyo.

Bien, ¿qué es el autoapoyo?

John Stevens dice que cuando un hipnotizador consigue hacer entrar a alguien en trance hipnótico y le dice: "Ahora va a sentir frío", el hipnotizado jerarquiza más la palabra del hipnotizador que sus propias sensaciones.

De alguna manera, todos vivimos hipnotizados.

Nos han repetido tantas veces las mismas cosas... Las hemos escuchado de nuestros padres, tíos, maestros y vecinos... Las hemos leído en libros y revistas... Hemos visto a nuestros seres más queridos acatar esas palabras, sin cuestionarlas jamás...

Y, finalmente, hemos quedado hipnotizados. Creemos más en esas palabras que en nuestro propio sentir.

Y lo que es peor, estamos tan bien entrenados para este proceso, que algunos de nosotros hemos conseguido autoabastecernos de mensajes hipnóticos. ¡Hemos conseguido autohipnotizarnos!

Autoapoyo tiene que ver con deshipnotizarse.

Autoapoyo es darme cuenta de que mis pies son suficientemente fuertes para aguantar mi peso.

Autoapoyo es conectarme con mi sentir ("Abandona tu mente y vuelve a tus sentidos", decía Fritz).

Autoapoyo es pedir ayuda sin depender.

Autoapoyo es confiar en mí mismo por sobre todas las cosas.

Autoapoyo es abandonar definitivamente lo que yo llamo la *conducta líquida.*

Conducta líquida surge de un paralelo entre una propiedad física de los líquidos y una característica de la personalidad neurótica.

Un líquido no tiene forma: *se adapta a la forma del recipiente que lo contiene.*

Cuando funciono así, tratando de moldearme según lo que los demás me exigen, cuando me creo solamente la suma de las imágenes que los demás tienen de mí, cuando sólo intento responder a las expectativas de los otros, entonces tengo una conducta líquida.

–¿Qué quieres entonces?, ¿una "conducta pétrea"?

–¡NO, NO y NO!

Quiero una conducta suficientemente sólida como para afirmarse por sí misma y suficientemente elástica como para no ser estática y adecuarse a la realidad.

Diría que me gustaría tener una *conducta plástica.*

La sociedad ama las "conductas pétreas". Dicen: "¡Qué carácter tan fuerte tiene ese tipo!" y lo que yo escucho es: "Siempre reacciona igual frente a la misma situación". Claro, cómo no va a ser deseable que el otro sea así...A mí me viene muy bien; él es previsible, puedo contar con la respuesta de él y reasegurarme con que jamás "me defraudará".

¡Qué manejo este de querer conductas pétreas en los demás!, ¿no?

Cuando en verdad intimo contigo, entonces comprendo que tu conducta sea hoy una y mañana otra diferente, o más aún... ahora una y dentro de un instante la opuesta (difícil, ¿eh? Sí, muy difícil: me gustaría conseguirlo).

Resulta que es diferente ser contradictorio que ser incoherente.

Soy contradictorio cuando digo hoy que sí y mañana que no. (Como me dijo una vez Alejandro: "*Hoy* se escribe con hache y *ayer* se escribía sin hache".)

En cambio, soy incoherente cuando aquí y ahora digo sí y hago no.

La contradicción es parte de mi salud, de mi actitud plástica, de mi capacidad de cambio, de mi posibilidad de modificarme a través del tiempo.

La incoherencia es parte de mi enfermedad, de mi propia falta de claridad; es un intento de trasladar mi confusión al otro, es un perro que se muerde la cola, es una disgregación de mi persona; es, finalmente, una falta de respeto al otro y a mí mismo.

No hay que confundir ninguna de estas dos cosas: contradicción ni incoherencia, con delirio.

¿Qué es un delirante?

Adjunto foto del suscrito.

Carta 34

Claudia:

Acabo de terminar de leer por séptima vez *Palabras a mí mismo* de Hugh Prather. Comentarios:

¡sí, sí, sí, Sí, Sí, SÍ, SÍ!

Carta 35

Claudia:

Gracias por mandarme las copias de las cartas anteriores. ¡Qué placer! Hay muchas cosas que me gustan mucho.

Entre nosotros... me gustaron tanto, que por momentos dudé de haberlas escrito yo... (Esto es grave, ¿me estaré poniendo humilde? Lo dudo...)

Interesante punto el de la humildad.

Aunque detesto las metas, siento que nunca llegaré a ser humilde.

Cuando desde afuera de mí, contemplo algunas de mis actitudes, me veo tan engreído, tan exigente, tan preciado de mí mismo...

El Diccionario de la Real Academia, dice: "Humilde: bajo, de poca estatura".

No soy humilde.

Además... "bajo, de poca estatura"... ¿comparado con qué? Se infiere que con los demás... Evidentemente, no soy humilde.

Cuando me jacto de mi egoísmo, cuando siento que soy la más importante persona en el mundo (con dos hermosas excepciones: mis hijos), cuando me creo el centro de mi mundo, cuando busco todas las respuestas adentro mío... no, no soy humilde.

¿Y los demás?, ¿los otros?, ¿los que quiero?

¿Acaso no hago cosas por ellos?

¡NO!

Siento que a veces me da placer complacerte, y entonces lo hago. Cuando te digo que es por ti, te miento. En realidad, *todo* es por mí; a mí me sirve elegir renunciar a lo que yo quiero para darte. ¡Qué egoísta...!

...Sí.

Después de todo, si alguien me dice: "¡Egoísta!", ¿qué me está diciendo?: "No pienses en ti, piensa en mí".

¿Quién es el egoísta?

Desde hace tres o cuatro mil años, el Talmud dice:

Si yo no pienso en mí, ¿quién lo hará?
Y si pienso sólo en mí, ¿quién soy?
Y si no es ahora, ¿cuándo?

Hay tres clases de personas.

Una, la que cuando tiene frío regala toda su ropa de abrigo. Otra, que cuando siente frío se pone su ropa de abrigo. Y una tercera, que cuando siente frío prende un fuego, para calentarse a sí misma y a todos los otros que quieran disfrutar del calor.

La primera persona es suicida: se morirá de frío. La segunda es miserable: se morirá sola. La tercera es un ser humano normal, adulto y egoísta (enciende el fuego porque *él* tiene frío).

Yo quiero ser el que encienda miles de fuegos y, más aún, quiero ser el que enseñe a miles de hombres a encender fuegos.

Definitivamente, *no soy humilde*.

Carta 36

Claudia:

Parece que el aprendizaje cultural consiste en hacernos creer...

...que mentir es malo

...que trabajar es bueno

...que ganar mucho dinero es lo mejor

...que el sexo es malo (o moderadamente... "a menos que sea por amor")

...que obedecer es bueno (si es sin pensar, mejor)

...que los comunistas (o los fascistas, o los judíos, o los negros) son malos (o... son lo mejor si yo soy comunista, fascista, judío o negro)

...que ser materialista es malo

...que ser idealista es peor

...que aguardar el futuro sin esperanzas es lo malo

...que ser bueno es bueno

...que ser inteligente es de lo mejor

...que el ocio es malo

...que las serpientes son malas (o venenosas o peligrosas)

...que el orden es lo mejor

...que la agresión es mala

...que el hombre es un animal superior

...que el autocontrol es lo mejor

...que tener objetivos claros es bueno

...que actuar por impulso es de lo peor

...que lo mejor es programar

...que las palomas son buenas y los cuervos son malos

...que ser egoístas es malo

...que amar es mejor que odiar

...que estar triste es malo

...que la muerte es lo peor

...que el camino más fácil nunca es el mejor

...que la fe es buena

...que la locura es mala

...que los extremos son malos

...que ser un profesional es lo mejor...

...para ser amados.

Carta 37

Claudia:

Es cierto, la carta anterior fue un golpe bajo.

A todo eso, yo lo llamo "moral en latas". Aquello está bien, esto otro está mal... ¿Qué carajo querrán decir bien y mal?

Suelo decir a mis pacientes que nunca he matado a nadie—y agrego— ...porque nunca he tenido un buen motivo.

¿Qué sería un buen motivo?

Entro a mi casa, un desconocido amenaza a mis hijos con un cuchillo en la garganta. Al verme, se abalanza sobre mí. Tomo a mi vez un arma cualquiera: otro cuchillo, un revólver, un palo, un cañón... ¡no importa!, lucho por mi vida y la de mis hijos. En la lucha, lo mato. Ése es un buen motivo.

Entonces sigo: si puedo cuestionarme la infalibilidad del preconcepto de "no matar"... ¿cómo no cuestionarme todo lo demás?

¿Y la ley? ¿Qué pasa con la ley?

Hablando con Antonio, abogado, sobre este tema,

él me hizo una aclaración que me pareció valiosísima: la ley no dice qué hacer o qué no hacer.

Tomemos un ejemplo: A estafa a B. La policía detiene a A y un juez lo condena a equis meses en prisión o determinada cantidad de dinero de indemnización.

¡La ley *no* dice "No estafar"! La ley dice: "A aquel que estafe a otro, en ciertas y cuales condiciones, le corresponderá tal o cual pena". ¡Punto final para la ley!

Es, justamente, cuando la ley intenta transformarse en una moral cuando distorsiona su función social, cuando encapsula al individuo, cuando masifica y anula a los habitantes de un país.

Sin embargo, la sociedad en la que vivimos cree con firmeza en esta moral enlatada.

Tanto esfuerzo por crear estas pautas ¿es un capricho de esta cultura?

No, creo que no.

Creo que esta manera de intentar regular la conducta de los individuos está avalada por un preconcepto "filosófico", también enlatado, que dice: "El hombre, en su esencia, es malo, un demonio, un monstruo incontrolable, sometido a sus pasiones más ruines, destructivo y cruel".

Atención a los crédulos:

¡ES MENTIRA!

Yo creo firmemente que el hombre sin presiones, en verdadera libertad, percibiendo de los demás la aceptación de su persona, en la intimidad con los otros... deja salir su ser más cálido, más sincero, más amable, más humilde, más generoso, más comprometido, más honesto y, sobre todo, su ser más sensible y creador.

Es a partir de esta manera mía de ver al ser humano, que no necesito inculcar una moral predeterminada en mi consultorio. Mi cliente no requiere de mí —aunque a veces él crea que sí lo hace— un juicio de valor sobre "bien o mal", sobre "correcto o incorrecto", sobre "justo o injusto".

Lo que él requiere, ya te lo dije, es un vínculo sano donde poder expandirse, encontrarse y no separarse más de él mismo.

Aquí está la diferencia entre un terapeuta y un sacerdote.

Este último tiene una limitación, que está obligado a interponer en su función. Una determinada moral operacional, que debe ser aceptada como patrón y medida.

El terapeuta, en cambio, parte —o sería bueno que partiera— de una postura abierta, desde un vacío, desde la ausencia de moral preconcebida, desde la realidad del paciente.

Relaciono todo esto con el psicoanálisis.

Me parece que una parte de la humanidad vive al psicoanálisis como una nueva religión.

Algunos psicoanalistas se ven a sí mismos como sacerdotes (ortodoxos, conservadores y hasta reformistas).

Las resistencias se parecen a la falta de fe, a la herejía; muchos pacientes psicoanalizados son como los fieles de una determinada secta, logia o creencia.

Lo que para las religiones clásicas era "pecado", ahora es "enfermedad". Lo que fue "prueba divina" hoy es "trauma". Lo que era "exorcismo" hoy es "catarsis".

En algunos momentos, el Diablo y el Ello inconsciente, se parecen.

En esta nueva religión, se reza tres o cuatro veces

por semana en el sagrado templo simbolizado por el diván psicoanalítico, desde donde, por supuesto, no se puede ver al oficiante, perdón: al terapeuta.

Se intenta conseguir así tomar contacto con lo inconsciente —etimológicamente lo "no conocible"— de la misma manera en que nuestros antepasados se extasiaban para entrar en contacto con "lo innombrable", "inaccesible" y divino: DIOS.

Aviso a los incautos:

La terapia no es un acto de fe.

Carta 38

Claudia:

H ace tres semanas que no te escribo...

que no me escribo...

que no escribo...

Empezó el lunes 6 de julio.

De repente, un intenso dolor en el costado derecho: "un desarreglo en las comidas" pensé, y le resté importancia.

El dolor continuó allí, día tras día, semana tras semana...

Me empecé a sentir cansado, agobiado, mareado,
débil.

El médico clínico sugirió que era un cuadro vesi-
cular (¿cálculos?).

Al mes, había adelgazado seis kilos. Se me indicó
una dieta y medicamentos y mejoré un poco.

El dolor disminuyó de intensidad, pero se mantuvo
presente, permanentemente.

Yo me peleaba con él todo el tiempo, lo alejaba de
mí un instante y al siguiente... ¡allí estaba!, irradiándose
a la espalda y a la ingle.

171

Fui a hacerme un ultrasonido: "Vesícula acodada; hígado algo agrandado. No hay lesiones ostensibles". Diagnóstico presuntivo: "Enteritis viral". Tratamiento: "¡Esperar que pase!". Punto.

Estuve mal durante un mes más; bajé otros tres kilos y no tenía ganas de hacer nada...

Ayer nos sentamos a charlar "Yo" y "Mi terapeuta".

–¿Qué te pasa?

–¡No lo sé!

–¿Qué sientes?

–Me siento mal y es diferente de lo que sentí jamás.

–¿Te duele?

–Muy poco, ahora. No es eso.

–¿Tienes miedo?

–En un momento pensé que sí. Todos mis seres queridos sugerían que eso era lo que me pasaba; creo que era lo que ellos sentían. No, no es miedo. Mira, nunca lo sentí antes.

–Trata de aumentar tu darte cuenta, de contactarte con tu sentir. Deja hablar a tu imaginación. ¡Ahora!

–Recuerdo a Inés cuando perdió su embarazo... Recuerdo a Cristina después de su separación... Recuerdo a Tito cuando lo conocí...

–¿Cuál es el punto común entre ellos, en esos momentos?

–Estaban deprimidos...

–¿Y bien?

–¡Eso es!: estoy deprimido. ¡DEPRIMIDO!

Es fantástico, recién ahora me doy cuenta de que

nunca antes había estado deprimido, real, auténtica y totalmente deprimido.

–¿Cómo es estar deprimido?

–Siento que estoy en un larguísimo viaje, solo. En el camino hay piedras inmensas y profundos abismos que me impiden el paso... yo estoy absolutamente imposibilitado para actuar, no tengo fuerzas para levantar las piedras ni para saltar los precipicios... Hace siglos que recorro este camino... Estoy muy cansado, me pregunto si vale la pena seguir andando. Quiero imaginarme el final del camino y lo único que consigo ver es un sendero que se angosta hasta llegar a un cartel. El cartel dice:

ÉSTE ES EL FINAL

¡Eso es todo!
Me digo que no es posible... ¡Debe haber algo más!
Miro el otro lado del cartel. Hay algo escrito.

REALMENTE ES EL FINAL

–¿Qué final?
–El final, el gran final.
–¿Es la muerte?
–Debe tener que ver con eso, pero no es el dejar de respirar, o de caminar o de latir; es peor. Es el dejar de sentir...

–Conéctate con eso, no abandones esa sensación.

–En el camino, yo. Me dejo estar, de a ratos parado, en otros agachado, ahora rodando hacia abajo y cuanto más ruedo más pequeño me hago... Dejo de rodar... Estoy boca abajo y siento el peso de todo sobre mi espal-

173

da. Todo el mundo, todo el universo apoyado sobre mí y yo sin fuerzas para levantar una pluma...

–No hagas fuerza...

–Me aplasta... me aplasta... me agujerea... me traspasa.

–Sigue...

–Tengo un gran agujero en mi pecho, se puede ver a través de él. Yo veo cómo el hueco se agranda. Soy más liviano. Floto. Estoy sin estar.

–Déjate flotar.

–Me dejo. De todas maneras, nada podría hacer para evitarlo.

–No se trata de que puedas o no evitarlo. Se tata de que respetes tu estado personal, se trata de no oponerte a tu realidad de hoy. Se trata de no interrumpir un proceso en curso. Se trata de dejar salir esta depresión, que si está, lo mejor es que se manifieste y se agote, para poder después pasar a tu siguiente momento.

–Sí...

Carta 39

Claudia:

¿Te costó trabajo reconocerme la carta anterior?

Y, bueno, éste también soy yo. Por lo menos, ahora. Es increíble asistir a esta edad a una sensación totalmente nueva, de esta intensidad.

Te escucho preguntando:

–¿Terminó?

–Sí.

–¿Cómo saliste?

En realidad, yo no salí: la depresión se fue. Tengo plena conciencia de que no hice nada para salir. Sólo dejarme estar, como me aconsejaba Fritz.

Siento hoy (de vuelta del viaje) que ha pasado algo importante, trascendente, valioso.

Me siento diferente a cuando todavía no había sucedido esto. Estoy más sereno, menos apurado.

Hoy, siento que por primera vez soy capaz de comprender a mis pacientes cuando se deprimen. Antes, sólo podía imaginar lo que sentían cuando estaban deprimidos; ahora, lo sé. Puedo contactarme con ellos desde el recuerdo de mi propia experiencia y eso me importa muchísimo.

Además, en estos meses he disminuido mis horas de trabajo, algo que aparentemente quería desde hace años y nunca hacía. Por otro lado, en las últimas dos semanas he vuelto a jugar al bridge, que había abandonado hace mucho por mis "ocupaciones". He vuelto a bajar la cantidad de cigarros que consumo por día. Y, aleatoriamente, todo el proceso me ha dejado con nueve kilos menos de peso (que, como sabes, buena falta me hacía).

–¡Ah, apareció el optimista sin remedio!, como te llama Aldo.

–Es que si me dieran la posibilidad de borrar esta experiencia de mi vida, tendría que renunciar también a toda esta capitalización positiva de experiencias y también a los logros obtenidos.

Barry Stevens:

Si por vivir todo lo bueno hube de vivir todo lo malo, no renuncio a nada de lo malo por no perder nada de lo bueno.

Hace mucho tiempo, Dida —una paciente— me dijo:

–Doctor, leí en un periódico inglés una frase, que debe haber escrito usted, o alguien la escribió después de conocerlo.

Y alargando la mano, me dio un papel que decía:

LO BUENO DE LO MALO ES QUE NO ES LO PEOR.

Carta 40

Me duele tu rabia
Me duele tu molestia
Me duele tu enojo
Pero lo que más me duele es tu silencio...
Sentir que te escondes de mí
Que estás detrás de tus "no sé"
Que, como el tango:
            te busco y ya no estás
¿Necesitas una excusa para separarte de mí?
Puedo subir la montaña más alta
            con tu ayuda
Sin ti, me cansa hasta jugar al rango
me cansa saltar obstáculos
me cansa pelearme con tu orgullo
me cansa golpear la puerta
que ambos queremos que se abra
y que tú mantienes cerrada

No creo en tu confusión sino en tus frenos
No creo en tu "tiempo" sino en tu orgullo
No creo en tu odio sino en tu frustración
No creo en tu conducta sino en tu sentir

Me siento como el ciego
de la poesía de Rafael de León
"que agita su pañuelo llorando
sin darse cuenta que el tren
hace ya rato que partió!..."
¡Ven! ¡Abre! ¡Habla! ¡Pelea!
que aquí estoy!

Carta 41

Claudette:

A mí, lo único que me sorprende del suicidio de G. es tu sorpresa.

Por lo que tú misma me cuentas, todo lo que hizo G. fue obedecer el mandato recibido de sus padres, en los primeros años de su vida.

El tema de los mandatos y permisos paternos es una de las variables más investigadas en toda la psicología actual.

Estos mandatos (verdaderas órdenes condicionantes), le llegan al niño de diferentes formas. Las más de las veces no explicitadas, desde mensajes no verbales.

Eric Berne, para quien el Yo se encuentra compuesto de tres estados (el Padre, el Adulto y el Niño interior), dice que estos mandatos de nuestra educación perduran en nosotros, dentro de nuestro Padre interno (en última instancia, la introyección de las figuras paterna y materna) y que, de alguna manera, actuamos desde allí frente a determinadas situaciones.

Berne propuso un listado de trece mandatos "básicos" que de alguna forma incluyen a todos los demás. Los mandatos de Berne son:

179

1. *No seas*: este mandato surge cuando un niño nace en una "situación inoportuna". Sus padres están por separarse, son demasiado viejos, demasiado jóvenes, demasiado pobres, o "demasiado" solteros. Éste no es siempre el resultado de un embarazo no deseado: es el resultado de un nacimiento no deseado.

Esta aclaración me parece trascendente. Últimamente, he visto con horror el rótulo de "hijo no deseado" en historias clínicas, donde sólo debió figurar, como máximo, la notación de "embarazo no buscado", que no es lo mismo.

2. *No seas lo que eres*: aquí los padres querían un niño de diferente sexo, o querían un niño de diferente color, o querían un niño absolutamente sano, o muchas veces querían un niño que ocupe el lugar de otra persona (el padre de ella o la madre de él, o un hermanito que acaba de fallecer).

3. *No te acerques demasiado*: un mensaje que viene atado a la capacidad o incapacidad de los padres de elaborar los duelos. El niño, confrontado a la herida que no cierra por una pérdida en la familia, puede construir con facilidad una postura acorde con el mandato. Otras veces, es la expresión transmitida por la propia dificultad de los padres para el contacto físico. (Me contaba Cecilia que, en un viaje a Alemania, presenció espantada cómo los padres que iban a buscar a sus niños al jardín de niños los recibían dándoles formalmente un apretón de manos.)

4. *No pertenezcas*: de alguna manera, un mensaje relacionado con el anterior. Aquí también puede ser una protección subliminal a la pérdida, aunque muchas veces es la lectura del niño del aislamiento social de su fa-

milia respecto del entorno. Los padres no tienen amigos, no visitan a sus parientes, no pertenecen a ningún grupo humano, a ningún club, a ningún núcleo político. La familia es un grupo aislado del medio.

5. *No crezcas*: este mandato ocurre con padres que necesitan alguien a quien cuidar, requieren un niño en quien proyectar sus propias necesidades de cuidados y protección. A veces, también se da en padres a los que, por ejemplo, les aterra pensar en enfrentarse con la efervescente sexualidad de un adolescente. De todas formas, los padres que dan esta orden utilizan al niño para darle sentido a sus vidas.

6. *No seas un niño*: el mandato opuesto del anterior (aunque no necesariamente incompatible, la suma de ambos se transforma a la largo en un *no existas*). Este mandato es generado por padres que no aceptan la responsabilidad de tener un hijo que los reclama. A veces, la orden tiene el sentido de presionar al niño para que se haga cargo de sus hermanos menores o —¿por qué no?— de sus padres, que actúan como niños.

7. *Tú no sabes hacerlo*: aquí, los padres se sienten compelidos a despreciar los logros de sus hijos, comparándolos permanentemente con los de otros niños, con los de los adultos y a veces hasta con los de los propios padres, que fortalecen por este mecanismo un ego muy debilitado.

8. *No estés bien*: esta orden es dada por los padres que brindan atención a sus hijos sólo cuando estos tienen problemas o están enfermos. Los padres educan a los niños desde temprana edad en los beneficios secundarios del estar mal.

9. *¡No!*: este mandato es dado en general por pa-

dres demasiado asustadizos. El niño es compelido a aprender que la vida es peligrosa y que todo lo que haga, entraña un riesgo para su persona (en especial lo que le da placer).

10. *No eres importante*: este mandato aparece en padres que "no tienen tiempo" para la escuela de sus hijos, para sus amigos, para sus necesidades. Estas responsabilidades son derivadas en una empleada doméstica, un abuelo o simplemente ignoradas. Otras veces, tiene la forma de una exclusión de la realidad familiar ("Vete, que tenemos que hablar de algo importante").

11. *Sé perfecto*: una derivación de la actitud vanidosa de los padres. Aquí, ellos necesitan de las buenas notas, del destacarse en el deporte, o de su habilidad para el dibujo para sentirse orgullosos "de ellos mismos", por haber tenido un hijo tan bueno, tan hábil o tan inteligente. En la escuela, se toman en cuenta sólo los "muy bien 10, felicitado" y los "insuficiente". Aquéllos se premian, éstos se castigan; todas las otras calificaciones son olímpicamente ignoradas ("¿Qué es un *muy bien?* Cualquiera se saca un *muy bien...*").

12. *No pienses*: quizá una variante del *no crezcas*. Aquí la sugerencia es el riesgo que existe en tener ideas propias. Lo peligroso de tener ideologías diferentes. Lo dañino de pensar en "ciertas cosas" (sexo, droga, libertad, etcétera). Este mandato tiene varios niveles: desde el "no pienses lo que piensas, piensa lo que deberías pensar", hasta el "no pienses del todo".

13. *No sientas*: aquí los padres están muy asustados de su propio sentir o tienen desterrado de su ámbito de sensaciones alguna emoción: muchas veces la tristeza o el dolor; a veces, la alegría.

En este mandato también hay varias instancias:

"No sientas nada..."

"No sientas dolor..."

"No sientas placer..."

"No sientas lo que sientes, siente lo que yo te digo que sientas..."

Este último mandato, quizá por deformación profesional o quizá por ser uno de los más frecuentes, es el que más me fastidia. Es en gran medida contra él, que lucho todos los días en mi consultorio.

No dudo que este listado está incompleto y que las atrocidades que somos capaces de generar en los niños no tienen límites; sin embargo, baste esta muestra para decirte lo que me interesa sobre los guiones.

Estos mandatos, como te decía, son "puestos" en los niños más o menos sutilmente a través de gestos, movimientos corporales, aceptaciones y rechazos que tenemos desde antes de nacer la criatura; y que con seguridad, materializamos en nuestro primer mandato: que viene entrelazado con la elección del nombre que hemos de ponerle al hijo recién nacido.

Todos estos mandatos determinan que el niño abandone su infancia (ocho años) con una clara (?) idea de lo que se espera de él. El niño (y el adulto) necesita agradar, necesita sentirse querido y aprobado. Por eso recibe directamente de sus padres la idea de la máxima aceptación, cuando cumple estos mandatos.

A partir de ellos y sus experiencias elabora un guión de su vida. Un argumento vital para su existencia, que reflejará su respuesta a estos primeros años vividos.

Estos guiones son, por supuesto, muy variables en cuanto a duración, riqueza, género, profundidad, etcétera.

Hay guiones dramáticos: con monstruos, persecuciones y homicidios.

Hay guiones "estándar": con casamiento, buen trabajo, dos hijos (un varón y una niña) y una muerte en paz.

Hay también guiones trágicos: con sufrimiento, dolor, pérdidas, locura y suicidio ("No existas").

Así, dejo mi infancia con un argumento bien escrito y bastante completo y entonces me dedico a buscar los demás personajes necesarios para la obra (¿te acuerdas de los juegos psicológicos?).

Pero ¿es que somos tan poderosos como para determinar las cosas que nos han de pasar?

¡Creo que no!

Sin embargo, creo que el hecho de que exista nuestro guión puede marcar una tendencia. El mecanismo de acción de estos argumentos es el de la predicción creadora.

¿Qué es la predicción creadora?

Una mañana, Juan se levanta, mira por la ventana que da a la calle. En la vereda de enfrente está el moderno edificio del Banco Pirulo Ltd., donde Juan tiene una cuenta. Asombrado, ve una mancha en el vidrio del frente e inmediatamente imagina "Este banco va a quebrar".

Coherente con su profecía, cruza la calle y se queda en la puerta del banco a esperar que abran, para sacar su dinero.

Pasa Pepe, el almacenista:

–¿Qué tal, Juan?

–Bien, ¿qué dices?

–¿Qué haces acá?

–Espero que abra el banco.

–¿Vas a pagar un impuesto?

–No, voy a cerrar mi cuenta.

–¿Por qué?

–Mira, por nada en especial, pero tuve una fantasía, por el vidrio que está sucio, ¿ves? Y entonces pensé: ¿para qué correr riesgos?

Pepe, que también tiene cuenta en el Pirulo Ltd., piensa: "Tiene razón, ¿para qué correr riesgos?". Y acto seguido, se queda detrás de Juan, a esperar que el banco abra...

Pasa doña María.

–¿Qué tal, don Pepe, cómo anda?

–Bien, doña María... esperando que abra el banco.

–¿Para qué tan temprano?

–Juan y yo vamos a sacar nuestro dinero de aquí. Un problema de riesgos, ¿ve? Por lo de la mancha.

Doña María ni pregunta por la mancha. Se queda detenida en la palabra riesgos. La cola pasa a tener tres personas.

No hacen falta más detalles. A las diez de la mañana, cuando el banco abre, hay dos cuadras de cola. Es la gente del barrio que quiere cerrar sus cuentas.

Obviamente, el banco no tiene allí todo el dinero en efectivo como para responder a todos los pedidos. A las doce, el gerente del banco sale a la calle y dice:

–Vamos a tener que esperar hasta las dos de la tarde porque mandé a buscar más fondos a la casa central, tranquilícense.

185

La gente escucha: "Esperar, buscar fondos, tranquilícense...". Entonces, se pone exigente. Reclama su dinero, no puede esperar. Llegan los noticieros de televisión y los reporteros gráficos, sacan fotos de los "pobres ancianos" que no reciben su dinero.

Al día siguiente, la noticia aparece publicada, radiada y televisada: "Escándalo frente a las puertas del Pirulo Ltd.". Y la crónica relata los hechos con más o menos sensacionalismo. En todas las sucursales del banco aparecen largas colas de personas que, enfurecidas, reclaman sus ahorros ¡YA!

Las consecuencias son inevitables...

Han pasado dos días, Juan se levanta y lee en el periódico: "El Banco Pirulo Ltd. es intervenido. Se teme su cierre definitivo". Juan cierra el periódico, sonríe y dice: "Yo sabía...".

Esto es la predicción creadora.

Una profecía que genera los hechos como para realizarse. Y entonces, un montón de hechos inexplicables comienzan a tener sentido. La astróloga me dice que un hombre rubio me dañará. Y allí salgo yo, con mi profecía a cuestas buscando al hombre rubio que me va a perjudicar. Y lo encuentro, seguro que lo encuentro. Y si tardo en encontrarlo, puedo empezar a perseguir y controlar tanto a los hombres rubios que conozco, hasta conseguir que uno me diga:

–Me tienes harto, por qué no te vas al diablo...

–¡Ajá, acá está el rubio!

La predicción creadora funciona en los dos sentidos. No hay nada que me dé más probabilidades de conseguir algo que creer que es posible. No hay nada que me reste más posibilidades que creer que nunca lo lograré.

Volvamos a los guiones.

La gran llave de este tema consiste en darme cuenta de mis guiones. Investigarlos y descubrirlos. Encontrar cuáles actitudes de mi vida cotidiana no son en verdad mi elección, sino parte de un argumento que trato de cumplir.

Éste es el primer paso.

El segundo es romper el guión. Renunciar a él de cabo a rabo; y después, si todavía quiero un argumento (déjame llamarlo proyecto), entonces puedo escribir uno nuevo desde mi realidad, desde mis gustos y apetencias de aquí y de ahora.

Y, si es posible, escribirlo con lápiz, para poder borrar lo que quiera cuando tenga ganas.

Y, sobre todo, un argumento que esté siempre dispuesto a ser destruido y remplazado por otro; uno nuevo más acorde con mi vida, con mi persona, con mi sentir de hoy.

Carta 42

Amiguísima:

No, no creo en las metas.

La sensación que tengo frente a la palabra "meta" es la de llegada, la de... ¿y después qué?, la de final...

En todo caso, prefiero hablar de objetivos.

El objetivo, siempre y cuando no sea utilizado para estructurar mi vida, en la medida en que me permite modificarlo permanentemente, puede ayudarme a lograr lo que quiero, lo que *en realidad* quiero. Es más, algunos de mis problemas aparecen cuando pierdo de vista el objetivo... Cuando dejo de saber qué es lo que quiero... Cuando abandono mi darme cuenta del para qué de mi conducta.

Cada una de nuestras conductas tiene siempre uno de estos tres objetivos:

    I. Tiende a producir una modificación en el otro.

    II. Tiende a producir un cambio en mí mismo.

    III. Tiende a generar una descripción de un hecho o situación.

189

Repito: mi conducta es siempre aloplástica, auto-plástica o descriptiva. No hay otra posibilidad. No quisiera que creyeras que estoy hablando de conductas "más" o "menos" sanas. Lo sano, en todo caso, podría ser darme cuenta de cuál es el objetivo de mi conducta.

La conducta aloplástica aterriza sin remedio en el tema del manejo.

¡Manejar a los demás!

Para mí, cada vez que intento producir un cambio, una respuesta determinada o una modificación en ti, sin decírtelo abiertamente, estoy manejando.

Es un manejo que te diga: "Tengo frío" cuando quiero significar: "Alcánzame un suéter".

Es un manejo creer que me haces sentir mal, en lugar de darme cuenta de que soy yo el que se siente mal.

Es un manejo que te diga que te quiero, sólo para conseguir que me confirmes que tú también me quieres.

Es un manejo preguntarte algo, si no voy a confiar en tu respuesta.

Es un manejo seguir esperando que cambies, en lugar de actuar coherentemente con mi desagrado y alejarme yo.

Es un manejo acusarte de ser un manejador, en lugar de asumir que soy yo el manejable, soy yo el que se deja manejar.

Es un manejo relacionarme con otra persona desde otro lugar que no sea mi auténtico ser yo mismo...

Entonces... ¿está mal manejar?

El punto no es si está bien o está mal. El punto es si sirve.

Yo creo que todo depende de con quién estoy.

Si estamos hablando de una relación íntima, de

una relación nutritiva, de una relación que me importa, entonces ¿para qué manejar?

¿Para qué podría servirme (más que para creerme "poderoso") que hagas lo que yo quiero, porque yo "conseguí" que lo hicieras?

Si hoy estás aquí conmigo y yo no quiero que te vayas me mando un terrible teatro de sentirme mal y tú, a partir de eso, decides quedarte, ¿de qué me sirve que te quedes?

Si eres mi pareja y yo me comporto como un delirante de los celos para impedir que te relaciones con los otros ¿para qué me sirve esa "lealtad"?

Sin embargo, no intimamos con todo el mundo. No nos relacionamos íntimamente con todas las personas que conocemos. Y es más: en este mundo en el que tú y yo vivimos, ¿sería deseable que yo me condujera con la misma absoluta autenticidad con cuanto individuo se me cruce?

¡Me contesto que NO!

Hace algunos años, una noche de viernes, estaba con Perla sentado en un bar de la calle Corrientes.

De repente, me doy cuenta de que son las nueve de la noche y recuerdo que había quedado con un paciente en que lo llamaría a esa hora. Le pregunto al mesero:

–Oiga, ¿hay teléfono público aquí?

–No, señor.

–¿Dónde puedo encontrar un teléfono cerca?

–Hay uno a cuatro cuadras, pero no sé si funciona.

–Dígame, ¿en el mostrador no tienen teléfono?

–Sí, teléfono hay, pero el dueño no se lo presta a nadie.

–Gracias.

Me levanto, me acerco al mostrador maquinando qué hacer para conseguir el teléfono. ¡Idea! Saco credencial de médico.

–Buenas noches, señor. Mire, yo soy médico (muestro credencial) y necesito hacer una llamada. Es importante. Le pido que me preste el teléfono. (¡Manejo!)

–¡No sirve!

–¿Le molesta si pruebo?

Con cara de asco, extiende una mano debajo del mostrador y saca un aparato, mientras con la otra (después me di cuenta) mueve una palanca pasando la línea a otro aparato.

Yo levanto el auricular y, por supuesto, *no sirve*.

Lo miro con odio y con un sarcástico "muy amable" (que por supuesto, ni lo inmutó), giro y comienzo a caminar hacia mi mesa...

Pero no llego a la mesa. Cinco pasos antes, siento la campanilla de un teléfono sonando. Ubico el sonido, proviene de un entrepiso a mi izquierda. Me doy cuenta de la jugada. Vuelvo a girar hacia el mostrador.

Al acercarme, noto que el señor no está a la vista. Lo busco. ¡Está *escondido* debajo del mostrador atendiendo la llamada!

Apoyo las manos en el mostrador y espero...

Quiero insultarlo.

Quiero romperle una silla en la cabeza.

Quiero hacerle entender que es un imbécil.

Y entonces, en ese preciso instante en que el señor sale de su escondite y me mira entre asombrado y asustado, recuerdo que mi objetivo, mi más importante objetivo es hablar por teléfono...

Mi expresión cambia y, con mi mejor cara de estúpido, digo:

–¡Qué suerte! Justo se arregló. Ahora me lo va a poder prestar...

Ya no lo puede evitar...

–Sí, sí, doctor. Hable nomás...

¿Manejo?

Sí. ¡Manejo!

A esto llamo yo: *no perder de vista el objetivo.*

Carta 43

Claudia:

Todos tenemos una historia trágica.

Está compuesta por todos los hechos "terribles" que nos ha tocado vivir, prolijamente ordenados, agrandados y archivados para justificar nuestras peores falencias.

En términos de Eric Berne, la historia trágica de nuestra vida es un gran "pata de palo".

El juego de la "pata de palo" está simbolizado con claridad por un señor de cara lánguida y expresión lastimosa, que tiene puesta una camiseta que dice:

"¿Qué se puede esperar de mí, yo que tengo una pata de palo?"

¿Quién no ha jugado alguna vez este juego?

¿Quién no tiene por lo menos una "pata de palo", lista como excusa funcional para explicar lo que no tiene otra explicación que nuestra propia responsabilidad?

Mi actitud como terapeuta consiste muchas veces en extirpar patas de palo:

–¿Qué se puede esperar de mí...

...de mí, que perdí a mi madre desde tan pequeño.

...de mí, que no llegué a conocer a mis abuelos.

195

...de mí, que tengo un padre alcohólico.

...de mí, que tengo tan mala suerte.

...de mí, que nací en un hogar tan pobre.

...de mí, que mis padres eran analfabetos.

...de mí, que soy tan débil.

...de mí, que soy tan cascarrabias.

...de mí, que soy un neurótico.

...de mí, que tengo una historia trágica como ésta?

Aprendí a escuchar las "historias trágicas" viendo trabajar a Alma.

Alma (lúcida, sagaz, estudiosa, empeñosa, madre amorosa, sensible, creativa) es la mejor coterapeuta con quien yo he trabajado jamás. Desde que nos conocimos (y nos elegimos), dos o tres veces por año nos reunimos para trabajar juntos en un laboratorio de fin de semana.

Fue en uno de estos laboratorios donde vi a Alma utilizar este enfoque con un paciente por primera vez.

Desde entonces, he escuchado y trabajado cientos de historias trágicas. La primera de las cuales, por supuesto, fue la mía, mi propia "historia trágica".

¿Te la cuento?

"Soy el menor de dos hijos de una familia de clase media baja. Cuando yo nací, mi familia atravesaba una crisis económica bastante seria, de la cual no salió durante toda mi infancia. Siempre sospeché que mis padres hubieran deseado tener una hija mujer. Mi hermano, que había nacido cuatro años antes, había causado terribles problemas con su alimentación y entonces a mí se me daba de comer todo el día. Fui un 'hermoso' bebé gordo y por supuesto, también fui el 'gordo' de la primaria, de la secundaria, de... etcétera Desde los cuatro o cinco años sufría de bronquitis espasmódica. Muchas veces, las crisis disneicas me impedían hacer deporte, o simplemente salir a la calle a correr con mis compañeros. Mi padre, desde que tengo memoria, trabajó de domingo a domingo, desde el amanecer hasta bien entrada la noche y las más de las veces de enero a diciembre. No tengo en la memoria salidas con mi padre a solas. Nunca hubo futbol, ni paseos en bicicleta, ni largas caminatas; puedo recordar puntualmente una salida al circo, dos o tres idas a la calesita y basta. Cuando no faltaba el tiempo, lo que escaseaba era el dinero. Mi madre nos sobreprotegió siempre. En casa, ella intentaba estar al tanto de todo; "¿cómo tener secretos con una madre?" Lo que le sobraba de tiempo de estar controlándonos, mi madre lo ocupaba en cocinar, caminar hasta la feria a comprar las cosas un peso más baratas o almidonar las puntillas que adornaban los estantes de la cocina. Mis padres nunca tuvieron tiempo de sentarse a hablar con nosotros sobre sexo, ni sobre las dificultades de la vida, ni sobre las insondables intrigas de la muerte. La inclinación de mi madre a la protección y la aparente fragilidad de mi hermano motivó que, desde muy chico, yo sintiera que me robaban mi lugar de hermano menor. Siempre me sentí obligado a ser el fuerte, el que podía, el que se bancaba todo, el rebelde y también el loco. Los correctivos en casa oscilaban entre los vozarrones y palabras fuertes de mi padre, hasta los culposos manejos de mi madre. Desde los catorce años, trabajé intentando ganarme mi dinero. Mientras estudiaba, fui cadete de oficina, empleado de sedería y taxista. He vendido pares de medias por la calle. He tocado timbre casa por casa vendiendo afiliaciones a un sanatorio. He sido payaso, mago, almacenero y agente de seguros. He trabajado vendiendo apuntes en la facultad, bolsas, ropa para hombres y productos químicos industriales. He sido médico de guardia de emergencias y médico interno de clínica psiquiátrica, he hecho reconocimientos domiciliarios y también, cuando el dinero no alcanzó, he dejado la profesión para dedicarme durante un tiempo al comercio de artículos deportivos. Cuando tenía quince años..."

Y podría seguir...

¿Qué se podría esperar de mí con una historia como ésta?

Sin embargo, aún cuando estos datos son más o menos fieles a mi recuerdo, resulta que no soy lo que tristemente se debería dar como consecuencia de esta historia. Aún cuando todo lo relatado, y más, me ha sucedido, aquí estoy, soy todo esto que soy y tengo lo que tengo. ¡Y atención!: este resultado diferente *no* es debido a que haya habido otras cosas no trágicas. Este resultado es directa consecuencia de estas vivencias que acabo de relatar. De alguna manera, esta historia trágica ha logrado hacer de mí el que hoy soy.

Y es más, hoy denuncio que esta historia trágica, ésta que he contado a otros tantas veces, ésta que me cuento a mí mismo de vez en cuando, ésta que me creo cierta cuando me conviene... esta "historia trágica" ni es toda la historia ni es todo lo trágica que parece (lo trágico de mi historia, en última instancia, lo aporto yo).

¿Cuál es la otra parte de la historia?

La otra parte es lo que a mí me gusta llamar mis "privilegios".

Preguntarás por qué me creo un privilegiado.

Hoy, por primera vez, tengo ganas de responder a uno de tus "porqué":

Soy un privilegiado porque soy hijo de dos seres humanos maravillosos.

Soy un privilegiado porque soy el producto de un amor como nunca he visto y dudo volver a ver.

Soy un privilegiado porque mis padres me han compensado con un desmedido afecto cualquier otra carencia.

Soy un privilegiado porque tanto mi padre como mi madre me han dado, sin lugar a dudas, lo mejor que tenían.

Soy un privilegiado porque, sin hacer nada para conseguirlo, he nacido con la inteligencia, la sensibilidad y la intuición como para hacer lo que hago y disfrutarlo.

Soy un privilegiado porque no he padecido nunca el hambre, ni el frío, ni ninguna enfermedad seria.

Soy un privilegiado porque vivo en una casa como la que siempre soñé tener.

Soy un privilegiado porque no hace mucho tiempo me "encontré" con mi hermano mayor y decidimos juntos no separarnos más.

Soy un privilegiado porque trabajo en lo que más me gusta y me pagan por hacer lo que amo hacer.

Soy un privilegiado porque, en mis treinta y seis años, he cosechado millones de afectos y he vivido intensamente mis relaciones con los otros.

Soy un privilegiado porque he llegado a tener casi todo lo que quise en la vida, sin esforzarme jamás por conseguirlo.

Soy un privilegiado porque soy aún capaz de enamorarme.

Soy un privilegiado porque amo y soy amado.

Soy un privilegiado porque, aunque no hago todo lo que quiero, jamás hago lo que no quiero.

Y sobre todo... soy un privilegiado porque soy el padre de mis dos hijos.

Yo soy yo.

¡Un privilegiado!

Carta 44

Claudia:

No sé.

¿Cómo describirte una experiencia tan personal como es un laboratorio?

Quizá lo más que pueda decirte es que es un episodio vivencial. Desde una descripción más fría, es una experiencia grupal: diez a treinta personas reunidas con dos o más terapeutas (en general tres o cuatro), dispuestos a trabajar juntos, durante un fin de semana, en la exploración del "sí mismo" y en la vivencia vincular con los otros.

¿Qué se hace? ¿Cómo se hace?

Cada laboratorio es una situación única y por lo tanto, la mejor cosa que yo puedo decirte es: haz uno.

Durante el laboratorio gestáltico se trabaja desde la palabra hasta el gesto. Desde lo concreto y desde el ensueño. Desde lo real y desde lo teatralizado.

El objetivo: aumentar la capacidad de darse cuenta (sentir, vivenciar, intuir, imaginar).

Hace más o menos un año, Patricia, ahora psicóloga, pasó por la experiencia y luego la describió en la tesis que presentó para su graduación.

Quizá más que mis palabras, pueda transcribirte las de ella, relatando su laboratorio:

"Preparé mi bolsa, recordé las instrucciones de Jorge: ropa cómoda, un almohadón y una manta. Me parecía estar por emprender un viaje. El laboratorio era en casa de Jorge, mi terapeuta, un chalet en Haedo.

Cuando entré, ya habían llegado todos (o eso me imaginé) y estaban sentados en el suelo sobre sus almohadones o mantas. El recuerdo que tengo ahora es el impacto de cientos de colores y formas y caras y ojos y un clima muy cálido que me invadía y competía con mi ansiedad. Cuando me senté, la lucha dentro de mí cesó y sentí paz. Me sentía inundada de un espíritu casi místico. Después, la música subió de volumen y se nos dio la primera consigna:

Mírense y déjense mirar.

Era tan sencillo...

Sin embargo, a medida que nos recorríamos con los ojos, todo parecía menos sencillo. Algunas veces, mis ojos se enganchaban con alguna mirada, otras experimentaban la sensación de una carrera en pos de ojos que se escurrían y huían de los míos. ¿Estaría yo también huyendo de otros?

La segunda consigna era presentarse:

Dejen afuera los datos que correspondan a una ficha de archivo. No nos importa cómo se ganan la vida, qué edad tienen, qué estado civil ni cuánto dinero hay en sus cuentas bancarias. Queremos saber quiénes son.

Para presentarse, cada uno lo haría desde el centro de la rueda. No había ningún orden prestablecido, las ganas de cada uno determinaban su turno.

Noté que no me animaba. ('Pánico escénico', como decía Perls.) Llegué a pensar que no podría hacerlo, aparecía toda aquella timidez que a veces trato de esconder. De pronto me sorprendí, casi sin haberlo querido, levantándome y caminando hacia el centro de la sala. Pude. Mis propias palabras me tranquilizaban:

'Yo soy un poco cada uno de ustedes...'

Y era cierto, me daba cuenta de algo que ya sabía: 'me pasa lo mismo que a todos'.

Aprendí que el punto en común es nuestro ser personas (en el más estricto sentido de la palabra).

Hoy me pregunto si fueron nuestras cosas en común o nuestras diferencias, las que permitieron nuestro funcionamiento como grupo. Me contesto que fue la suma de ambas.

A pedido de los terapeutas, nos recostamos en el piso. Con su ayuda, nos relajamos e hicimos un ejercicio de exploración de los sentidos. Primero, sentir el aire entrando y saliendo de los pulmones. Pensar que respiro más de mil quinientas veces por día y en ese momento me parecía que nunca antes había sido consciente del aire en movimiento en mis bronquios y pulmones. Redescubrí así el oído, el olfato, el gusto y, por último, el tacto: recorrer mi propio cuerpo, encontrar sus salientes, sus huecos, su temperatura, su textura...

Yo estaba muy sorprendida y también muy confundida. Era el final del primer encuentro. Se nos pidió que fuéramos a nuestras casas a descansar. La consigna era: *Hasta el día siguiente, hablar lo menos posible.* Esta tarea asignada buscaba, me pareció, provocar el contacto de cada uno consigo mismo.

Aumentar, como diría Perls, el darse cuenta del

mundo de adentro. Y así fue. Nunca antes, creo, había sido tan consciente de mis sensaciones corporales y sensoriales.

Nuestro encuentro a la mañana siguiente fue muy cálido y sincero. Empezamos el trabajo con un ejercicio que debíamos hacer de a dos: uno adoptaría una postura corporal 'cerrada' frente al mundo y el otro lo ayudaría a abrirse.

Recuerdo ahora lo hermoso de este contacto entre nosotros. Las caricias, el calor, el olor de mi compañero me llenaban de satisfacción. Y el placer de sentir que lo ayudaba a abrirse me hizo sentir feliz. Antes del almuerzo realizamos un ejercicio que consistía en agredir en forma verbal a cada uno de los miembros del grupo. Debíamos agredirnos directamente, frente a frente. Como consigna, se nos indujo a conectarnos con nuestra propia capacidad de agresión. Nos pedían que fuéramos hostiles, que nos miráramos con rabia, que tratáramos de darnos cuenta de todo aquello que no nos gustaba del prójimo.

A medida que el ejercicio avanzaba, el clima se iba caldeando y muchos de los integrantes se levantaban cada vez con menor distancia de tiempo. Entretanto, el equipo terapéutico se había repartido hojas con el nombre de cada integrante, donde se registraba cada palabra utilizada como agresión.

Luego, durante el almuerzo, cada integrante debió representar el papel constituido por todas las agresiones que había dicho a los otros compañeros y que no reconocía como propias.

Con no poca sorpresa, cada uno de nosotros iba conectándose con las partes propias negadas por nuestra falsa búsqueda de aceptación. Las resumíamos como propias y nos responsabilizábamos por ellas.

Después realizamos un ensueño dirigido. Me guiaron en una visita a un imaginario museo de mi vida. Allí me encontré con situaciones importantes de mi historia y, por supuesto, con aquellas situaciones inconclusas que, para la gestalt, están detrás de nuestras conductas inadecuadas. Todo el resto del laboratorio lo dedicamos a trabajar estas situaciones ensoñadas. Era maravilloso asistir al proceso de descubrimiento de cada uno de mis compañeros.

Sentí que, como yo, cada uno de nosotros estaba pendiente de todo lo que ocurría.

Presenciábamos la movilización, el trabajo, el hallazgo y, sobre todo, el cambio que casi mágicamente se producía cuando el que trabajaba cerraba su gestalt encontrando un nuevo equilibrio.

Al final del sábado se dio una nueva consigna: caminar con los ojos cerrados, encontrarnos con los otros, sin saber con quién. El cuarto estaba a oscuras; debíamos en un primer momento buscar manos. Con nuestras manos, conocer, explorar, tocar, acariciar otras manos. Después, sentados en el piso, sobre las mantas, buscar pies, cuerpos y quedarnos conociéndolos el tiempo que deseáramos. Debíamos conocer muchos otros. Encontraba hermosos esos contactos, me sentía viva, reconocida. Todo se había convertido en un laberinto de manos que se entremezclaban con los pies, que se buscaban. Se formaba una alianza general alegre, divertida y simple. Se enlazaban las ganas mías de dar y recibir caricias y reconocimiento, con las de todos.

Se terminó la actividad del día sábado. Estaba agotada, pero feliz y querida. Sentía que amaba a todos los que estaban conmigo.

El domingo, me levanté con una sensación muy especial. Sabía que terminaba el laboratorio y adentro de mí se mezclaban los recuerdos: el placer de volver a verlos y el displacer de separarme de ellos.

Alrededor de las ocho de la noche, comenzó la parte final del laboratorio. Nos colocamos todos en rueda sosteniéndonos los unos a los otros, tomados de los hombros y realizando un pequeño movimiento libre de nuestro cuerpo. Jorge hablaba, preparaba nuestra despedida. Repitió la frase inicial del laboratorio y dijo que nos despidiéramos para siempre de todos, como si nunca más volviéramos a vernos, que si nos encontrábamos alguna vez, sería muy hermoso.

Nos despedimos... y me fui.

Al llegar a mi casa y acostarme, todavía podía sentir los abrazos, las miradas y las voces de mis compañeros.

El día siguiente fue muy duro. Sentía que esa gente con quien había compartido tantas cosas era diferente a la que podía encontrar en la calle, en el trabajo, en el mundo real. Sentía que era muy difícil relacionarme con otras personas de esa manera pura, simple, honesta, con tan fuertes sentimientos y libre paso a la afectividad.

Pero sentía también que no estaba dispuesta aceptar relacionarme desde lo poco comprometido que ofrecen nuestras relaciones superficiales de todos los días.

Al transcurrir mi tiempo, capitalicé que de alguna manera esas personas eran también personas reales y del mundo real. Lo único distinto era la situación y la decisión de libertad que nos habíamos dado unos a otros.

Me doy cuenta de que esta forma íntima (en el sentido que Berne da a la intimidad) es la forma que elijo para relacionarme con los otros y me hago responsable de mi elección..."

¿Te das cuenta? Un laboratorio es una manera de pararse en otro lugar durante un tiempo, para verme a mí y a mi realidad desde otro lado. Un laboratorio es la oportunidad de verme reflejado en infinitos espejos.

Aníbal Sabatini decía que la plenitud (o felicidad o nuestro más deseado objetivo) está dentro de una habitación frente a nosotros. Sabemos que sólo tenemos que abrir la puerta y ya está. Entonces, nos acercamos, giramos el picaporte (pues sabemos que no hay cerraduras) y empujamos. En un primer momento, la puerta no se abre. Debe estar trabada, pensamos, y empujamos más fuerte. No hay caso. Aumentamos el esfuerzo, sin éxito. Llamamos a nuestros amigos, familiares y terapeutas para que nos ayuden a empujar. Lo hacen. Pero la puerta no cede. Nunca nos detenemos. Nunca dejamos de empujar en nuestra vida. Y empujando, empujando, nunca nos damos cuenta.

¡Nunca nos damos cuenta!

No se trata de empujar, sino de acercar con suavidad la puerta hacia nosotros.

Un laboratorio es una manera de enseñar una nueva posibilidad para dejar de empujar.

¿Te das cuenta de lo que es?

¡Imagino que no!

Carta 45

Mi sueño de ayer:

Estoy en un lugar extraño (¿baño sauna?). Hay varios roperos a mi izquierda. Me acompañan mi papá, mi mamá y una tercera persona que no sé quién es (no recuerdo). La situación no está explicitada, pero aparentemente estamos buscando el guardarropas que pertenece a mis padres. El que conoce el lugar y el número de roperitos es mi papá. El camina adelante y lo seguimos mi mamá y yo. Mi viejo camina mirando los números y yo le pregunto:

–¿Es acá?, ¿qué número es?, ¿por dónde es?

En un momento, pierdo de vista a mi papá que pasa una puerta vaivén. Lo sigo. Cuando entro, mi padre está cambiándose en un vestuario general. Yo no entiendo, mi mamá y yo esperábamos del otro lado que él encuentre el ropero. Lo increpo:

–¿Qué haces? ¿No te das cuenta de que te estamos esperando? ¿Por qué te estabas cambiando aquí? ¿Qué número es el de nuestro ropero?

Lo miro. Mi viejo mira hacia arriba, con la mirada perdida.

Yo sigo:

–¿No entiendes lo que te digo? —y ahí me doy cuenta de que no me entiende.

Me invade una terrible angustia, caigo de rodillas y grito:

–No entiende, ya no entiende.

Lloro desesperadamente y así me despierto.

A mi lado está mi esposa, intenta despertarme, le grito que no me interrumpa. No quiero abandonar esta emoción hasta agotarla, no quiero interrumpirme.

Mi esposa intenta consolarme. La rechazo, la agredo, lloro. Mi esposa no me entiende, como en el sueño, no me entienden; me invade un profundo dolor.

Lloro, desconsoladamente, lloro.

Cuando agoto el llanto, aparecen dos cosas: por un lado, mi papá.

...Papá, estás viejo... (¿cuántos años cumpliste, setenta y tres?). Cómo me hubiera gustado, papá, encontrarte antes. ¡Hace veinte o treinta años! Te amo, papá. Te amo con tu obsesiva dedicación al trabajo, te amo con tu manera de enfrentarte a la vida, te amo con tu incapacidad para recibir nada de nadie, te amo con la inteligencia que siempre admiré en ti y que hoy sé que nunca tuviste...Te amo con tu calidez, te amo con tu grandeza, te amo con tu honestidad sin límites, te amo con tu amor por los niños, te amo con tu amor por mi madre.

¡Me hubiera gustado tanto tener más tiempo contigo!

La imagen de mi viejo se diluye. Queda la otra: la mía. No me entienden, o no me doy a entender, o no me siento entendido, o no soy entendible.

Nadie me entiende. Fritz, ayúdame.

–¿Qué quiere decir *nadie*? ¿Quién es *nadie*?

–Mis padres, mi esposa, mis hermanos, mis amigos.

–¿Qué quiere decir que no te entienden?

–Quiere decir que no me contienen.

–Es decir...

–Es decir, que no me puedo apoyar en ellos.

–¿Quieres apoyarte en ellos?

–A veces, sí.

–¿Lo intentas?

–Lo sé. A veces me parece que nunca lo intento, es como si reclamara garantías de que el otro "va a poder" antes de confiar.

–Tontería de exigencias, ¿no?

–¿Es muy exigente pedirle al otro que me contenga?

–No, lo exigente es pretender que te garantice que lo va a hacer.

–Es verdad.

–Por otra parte, lo que tú pides es que te sostenga, no que te contenga.

–Fritz, soy muy débil, en realidad soy débil. Estoy harto de esta fortaleza que los demás, todos los demás, creen ver en mí.

–Aquí está un bebé chiquito haciendo un berrinche.

–Bueno, ¿y qué? ¿no puedo hacer un berrinche de vez en cuando?

–¿De dónde habrán sacado los demás la idea de la fortaleza?

–De mí...

–Hace un rato dijiste una frase: "Soy un débil, en realidad soy débil, estoy harto", etcétera... Trata de invertir esa frase, cambiando débil por fuerte y de escuchar esa frase nueva para ver cómo queda.

–Soy fuerte. En realidad soy fuerte, estoy harto de esa debilidad que los demás creen ver en mí.

–¿Te suena? ¿Cuántas veces habrás dicho esta frase a "los demás" durante tu vida? ¿Cuántas veces te la habrás recitado a tú mismo?

–Muchas...

–Es imposible para las personas aceptar un cambio de ciento ochenta grados en la estructura de los otros. Quizá si dejaras de vender fortaleza, si permitieras salir tu debilidad sin que detrás esté el exigente poniendo condiciones, si le dieras tiempo a "los demás", quizá podrían contenerte.

–Qué tonto, estoy pensando que no es ése el Jorge que les gusta, no es ese Jorge el que necesitan.

–¡Ah!, entonces tú no quieres que te entiendan, ni que te quieran, ni siquiera que te acepten. Lo que tú quieres es que te necesiten.

–Eso me duele. Me lastima terriblemente.

–Parece que éste es el camino.

–Sí, éste es el camino. Es la ruta donde siempre me atasco. Mi necesidad de valoración.

–No te frenes, déjate sentir esto.

–Quiero que me valoren.

–Ponlo en alguien frente a ti. Ese alguien es todos "los demás".

–Quiero que me valores, quiero que me reconozcas, quiero que me necesites.

–¿A quién le hablas? ¿A quién le estás diciendo esto?

–...No sé, a *todos*.

–¿También a tus pacientes?

–No, a ellos no. Con ellos es diferente, con ellos mi intención es que *no* me necesiten, que no dependan. No, no es a ellos.

–¿A quién? ¿A quién le estás diciendo que te valore?

–Supongo que es otra vez a mi papá.

–Díselo a tu papá.

–Papá, quisiera que me necesites, que me valores, que me reconozcas; pero, sobre todo, que me lo digas. Yo sé de tu reconocimiento frente a los demás; pero a mí, papá, a mí nunca me dijiste que estabas orgulloso de mí. A mí, papá, nunca me recibiste nada que no fuera gratuito, o de poco valor. Papá, nunca supiste recibir. No aceptaste la idea de necesitar al otro.

–Sé tu papá.

–(*Como papá.*) Es verdad y ¿sabes qué?: hijo, ahora me doy cuenta de que tú y yo somos iguales también en esto. Porque esto es lo mismo que te pasa a ti. ¿No es cierto?

–¿No es cierto?

–Sí, es verdad.

–Cuéntale a tu papá lo que sientes ahora.

–Papá, papito, siento que ya es tarde para ti. Siento que es tarde para esperarte y que me enseñes a recibir. Sin embargo, no es tarde para mí, papá. Quiero aprender a recibir, quiero aprender a dejarme sostener, quiero aprender a tener pares, papá, no hijos: pares. Y en cuanto a ti, papá, no voy a esperar más que recibas.

Me acuerdo de algo que leí sobre el amor y que puedo trasladar al dar.

Primero doy porque me dan
después doy para que me den

213

después doy para que reciban lo que doy
y por último, doy sólo por el placer de dar.

Hoy he crecido, papá, quiero darte por el placer de darte; no quiero enseñarte y no tienes *qué* enseñarme. Como dice Barry, quizá hoy sea tu exhijo...

–¿Qué sientes?

–Alivio, placer, paz y en algún lugar, un poco de pena.

–¿Quieres decirle algo más a tu papá?

–Sí, que lo amo más que antes.

–Despídete.

–Chao, papá...

–¿Quieres algo más?

–No. Gracias, Fritz.

Carta 46

Claudia:

¿**C**uál es la palabra?

¿Contento?
¿Pleno?
¿Satisfecho?
¿Tranquilo?
¿Realizado?
¿Bello?
¿Sereno?
¿Amarillo?
¿Rojo?
¿Plácido?
¿Expandido?
¿Encontrado?
¿Junto?
¿Maduro?
¿Adulto?
¿Alegre?
¿Musical?
¿Bien?
¿Indisoluble?

215

¿Fuerte?
¿Amado?
¿Único?

¡Todo esto me siento!

Y, sin embargo, me sé:
Descontento... Vacío... Insatisfecho... Irritable... Irrealizable... Horroroso... Inquieto... Gris... Negro... Intranquilo... Retraído... Desencontrado... Desunido... Inmaduro... Infantil... Triste... Silencioso... Malo... Desarmado... Débil... Odiado... Uno más...

A pesar de todo esto,
o quizá *por* todo esto,
hoy me siento Feliz.

Carta 47

Claudia:

Me conecto ahora con algo que muchas veces comento en el consultorio. La diferencia entre entender, comprender y aceptar. Aquí estoy otra vez con mi pesada vocación por el significado de las palabras (¿qué diría Lacan de todo esto?).

Entender me suena a mental, a intelectual.

Entenderte es asegurarte que mi computadora interna es capaz de decodificar tu mensaje; o que tu actitud es razonablemente lógica dados los hechos y las circunstancias. En última instancia, tu conducta (acción o expresión) está plenamente justificada.

Comprender va más allá. La computadora no participa. Participa mi capacidad de "sentir con". Me identifico, soy capaz de sentir dentro de mí lo que dices, sientes, haces.

¿Y aceptar? Aceptar es darme cuenta de que eres quien eres. Puede ser que no sea capaz de entenderte, quizá tampoco te comprenda. Sin embargo, si te acepto, podré no avalarte, no compartir contigo, pero *NO* te pediré que cambies, que te modifiques.

Entonces, la dimensión de la palabra *rechazo* cambia.

Mi rechazo podría ser una forma de aceptarte, en la medida en que no exijo que te modifiques, que seas diferente, que tengas otra actitud para quedarte aquí.

Aceptarte podría ser:

"No me gusta tu actitud, me molesta tu forma de ser o pensar, no quiero compartir cosas con éste que eres, vete o mejor me voy. Pero no te pido que cambies, por lo menos no para mí, no para conservarme, no para permanecer conmigo. Sigue siendo quien eres y si quieres, busca quien te quiera así, tal como eres. Porque te acepto, te rechazo."

Dicho de otro modo, mi no aceptación es:

"¡Te quiero tanto! No nos separemos, pero tú tienes que cambiar esto o aquello. Tienes que dejar de ser así como eres. Si quieres estar conmigo, haz el esfuerzo y modifica esto y esto otro y así. Así estaremos juntos y felices..."

Y se me ocurre otra forma de no aceptación, también disfrazada de aceptación. Es vulgarmente conocida como idealización.

En verdad, si te idealizo es precisamente porque no te acepto. Si te aceptara, no necesitaría idealizarte.

No quiero que cambies. No para mí. Quiero aceptarte como eres aun cuando éste sea el camino de separarnos.

Prefiero que te alejes de mí por ser como soy, a que permanezcas conmigo para cambiarme.

De todas maneras, si puedo elegir, elijo que me aceptes para quedarte, elijo aceptarte y tenerte cerca, tan cerca como ahora...

Es que ahora que te escribo, que te cuento estas cosas, que comparto contigo mis delirios, ahora estás aquí a mi lado, del mismo modo que me sentirás a tu lado —lo sé— cuando leas esta carta.

Carta 48

Claudia:

Hoy murió Sara.

Sara tenía cincuenta y dos años.

Sara sufría de cáncer.

Conocí a Sara hace un año. Llegó al consultorio con un cuadro depresivo. Me contó que hacía unos años había sido operada de un tumor de mama. Que el tumor era benigno, pero debía seguir un tratamiento profilácticamente.

Sara tenía una calidez muy especial. Charlamos mucho sobre su vida y la relación con sus hijos. Hacia el final de la entrevista, Sara me dijo que ella iba a ser uno de mis fracasos. Le dije que no alcanzaba a darme cuenta de lo que me quería decir. Contestó que había estado con varios terapeutas antes y no había recibido nada de ninguno de ellos. Llegó a la conclusión de que el problema era ella. Le respondí que no tenía ninguna posibilidad de ser mi fracaso; fracasar implica una expectativa previa y yo no la tenía con ella; yo le iba a dar lo que tenía y ella podría usar eso como quisiera. Para crecer, para mortificarse, para pasar el tiempo o para suicidarse. Eso era su decisión, no la mía.

Sara se quedó muy sorprendida y quedamos en seguir viéndonos.

Durante el siguiente mes, paseamos un poco por toda su vida. Sara tenía una estructura de personalidad muy sana.

Me sorprendía que físicamente estuviera tan desmejorada. Me trajo sus análisis clínicos con valores normales. Días después, a mi pedido, me entrevisté con su hijo mayor.

Sara estaba siendo engañada. Su tumor era maligno, había metástasis ósea en pelvis, columna y cráneo, una metástasis probable en cerebro y sus posibilidades eran nulas.

Le dije a su hijo que yo creía que Sara tenía derecho a saberlo, que era su vida y que no era honesto para con ella ocultárselo. Me contestó que era una decisión familiar y que no la iban a modificar y me pedía que me comprometiera a no revelarle la verdad.

Respondí que no era mi manera de trabajar: el engaño o la estafa, y que no estaba dispuesto a negarle a Sara una enfermedad que, por otra parte, yo estaba convencido de que ella sabía que tenía. Agregué que el paciente podrá negárselo pero, internamente, conoce su mal.

Sara dejó de venir, imaginé que influida por sus hijos y su marido.

De vez en cuando, me hablaba por teléfono y charlábamos unos minutos.

Pasaron los meses.

Hace tres semanas, me llamó desde el hospital. Estaba internada para "un estudio" como otras veces; me pedía que la visitara. Lo hice. Sara estaba muy desmejorada, pálida, adelgazada y temblorosa. Me acerqué a su cama, le tomé las manos y sentí que apretaba las mías con fuerza. Me miró y me dijo:

–Usted tenía razón, doctor, no existen los fracasos cuando no hay expectativas; y esto es cierto en su trabajo y también en la vida.

Sonrió y siguió:

–No se enoje, doctor, quería verlo y decirle esto, pero estoy cansada y quiero dormir.

Me acerqué, la besé y me fui.

Hoy murió Sara.

Hoy me entristece tu muerte, Sara.

Hoy me alegra haberte conocido.

Hoy te agradezco tu llamado de hace tres semanas.

Hoy, Sara, me despido de ti para siempre.

Carta 49

Claudette:

Así es: la muerte conecta con la gran impotencia. Y quizá éste sea el gran temor a la muerte que está en (¿casi?) todos nosotros. El temor a la impotencia.

Vivimos en un mundo exitista. El triunfador, el ganador, el vencedor, el fuerte, el poderoso; éstos son nuestros modelos. Éstos son los héroes admirables que damos a nuestros hijos en cine, televisión, libros y revistas. Éste es el modelo de nosotros mismos que queremos darles a nuestros hijos: "papá puede", "papá sabe", "papá es bueno", "papá nunca se equivoca". En resumen: "papá es Superman".

Y así hemos crecido, con estos mensajes.

Y así hemos llegado a ser adultos, perdón, rectifico: quise decir mayores.

Y así nunca hemos aprendido a aceptar lo que *no* podemos.

Y así vivimos: esquivando, negando y evitando sentirnos impotentes.

Hoy me encuentro con un otro cuya actitud me desagrada. Hablo con él, pero no la modifica. Me siento impotente y no acepto mi impotencia. Entonces, le grito.

No alcanza para que él cambie. Sigo sin aceptar mi impotencia. Entonces, lo insulto.

No me sirve, él sigue en la suya. Y yo, con mi impotencia. Entonces le pego, y si me sigo sintiendo impotente, entonces, lo mato. Y me sigo sintiendo impotente, entonces... ¡ah!, entonces, me suicido.

Parece muy loco, ¿verdad? ¡Lo es!

¿Pero no es éste, acaso, el mecanismo por el cual algunos padres les pegan a sus hijos?

Cuando en la guardia del hospital llegaban los niños con heridas, moretones y a veces serias lesiones, producidas por alguno de sus padres, ¿qué era ésos? ¿"incentivos de aprendizaje"? ¿"correctivos"?

Cuando en una discusión callejera, uno de los individuos saca un arma y ataca a otro, ¿qué es eso? ¿"un exceso, producto de la pasión"?

Cuando un alguien renuncia a su vida y salta de una ventana, ¿qué es eso? ¿"un acto de protesta"?

¡Sostengo que *no*!

Sostengo que estas y *todas* las demás hostilidades que pululan en nuestro mundo, son el resultado de la incapacidad de alguien o algunos para soportar su no poder, son la expresión de una absoluta negación de la realidad. Una realidad que impone que no somos *omnipotentes*.

Te invito a que lo investigues en ti misma.

La próxima vez que te encuentres en una actitud hostil (esto es: destructiva o cruel, dañina o hiriente), la próxima vez, mírate hacia adentro. Busca la impotencia implícita. Y cuando la encuentres, cuando sepas qué es lo que no aceptas, qué es lo que no puedes modificar, intenta aceptar simplemente que quizá no puedas, date cuenta de que, si puedes, quizá no sea en este momento o por este camino. Acepta tu impotencia.

Y si lo haces, cuando vuelvas a tu realidad de este momento, quizá compruebes con sorpresa que tu hostilidad ha desaparecido.

Lo más interesante es que, muchas veces, cuando yo recorro este camino y, de vuelta, renuncio a la actitud hostil, el otro, quienquiera que sea, suele hacer una apertura de su capacidad de escuchar. Aparece así una probabilidad adicional de interactuar que me estaba vedada cuando él gastaba todas sus energías en defenderse de mí y entonces no tenía espacio ni siquiera para replantearse su postura.

Atención: no confundas hostilidad con agresión.

¿Otra vez con las palabras? Sí, otra vez.

Carta 50

Amada Claudia:

A gresión viene de agressio y significa: acometer, embestir, ir hacia.

Hostilidad viene de hostillos, que significa *enemigo, adversario.* Es verdad que la actitud hostil es una agresión, en cuanto significa un movimiento *hacia,* pero no toda agresión es hostil.

La hostilidad tiene como función específica la herida, el daño, la aniquilación del otro. En resumen, su destrucción.

La agresividad puede, en cambio, ser constructiva. Agredir es desestructurar. Sigamos a Perls:

> Cuando comemos, cortamos los alimentos antes de llevarlos a la boca. Ahí los reducimos a partes más pequeñas con los dientes y los trituramos con las muelas. La saliva tiene enzimas que comienzan un proceso de rupturas, que seguirá luego en el estómago. Allí, un poderoso ácido (el clorhídrico), ataca los alimentos rompiendo sus estructuras mientras los movimientos de zarandeo ayudan a la acción de estos ácidos. ¿Qué pasaría si alguno de nosotros cancelara toda actitud agresiva, incluidos

estos actos evidentemente agresivos: cortar, morder, triturar, corroer con ácidos, sacudir, etcétera?

Pues el resultado sería que eliminaríamos lo que ingerimos tal como ingresó en nosotros.

Nuestro aparato digestivo necesita desestructurar los alimentos para poder asimilar lo útil...

Y lo más importante: si esto pasara, si canceláramos esta agresión hacia lo de afuera (el alimento), nuestro organismo buscaría la energía en nuestra propia sustancia.

Comenzaríamos a agredir a nuestros propios tejidos, en busca de esos nutrimentos.

Bien, esta agresión desestructurante es parte de mis mecanismos "incorporadores". El metabolismo psíquico reproduce el metabolismo digestivo.

Es por esto que, a veces, cuando quiero mostrarte algo, quizá sea bueno que sea agresivo: amorosamente agresivo, bellamente agresivo, constructivamente agresivo.

Yo soy un terapeuta agresivo.

Quizá despiadado.

A veces, hasta cruel.

Lo soy cuando te empujo a encontrarte con lo que evitas.

Lo soy cuando te digo lo que más te duele.

Lo soy cuando te desarmo tu aparato defensivo.

Lo soy cuando desde un ejercicio psicodramático me permito insultarte y hasta abofetearte.

Lo soy cuando me acerco sin tener en cuenta la distancia "supuestamente útil" entre terapeuta y paciente.

Lo soy cuando me permito decirte: "Me aburro, me fastidia, no tengo ganas, no quiero o vete".

228

Lo soy cuando me permito decirte:"Me gusta, qué-date, te amo".

Lo soy contigo.

Lo soy conmigo.

Lo soy.

Carta 51

Claudia:

Hemos hablado de proyección y de introyección, y te dije que eran mecanismos de defensa, formas de pseudorrelación con el afuera; maneras de evitar conectarme con lo de adentro.

Hay un mecanismo más, descrito por Perls, que siempre me pareció interesantísimo: la *retroflexión* (en realidad, Fritz describió cinco: proyección, introyección, retroflexión, deflexión y confluencia).

Imaginemos que tú y yo discutimos (no hace falta imaginar mucho, ¿no?), imaginemos que en medio de la discusión te siento hostil, o que lo que me dices me conecta con la rabia. Mi cuerpo se tensa, una emoción tiende a salir de mí, trascendiendo hacia tu persona.

Esa emoción se quiere transformar en acción para salir.

Imaginemos ahora que esta conducta es una frase hiriente, quiero herirte. Pero hete aquí que yo siento, además, lo mucho que te quiero.

Si no me siento capaz de herirte porque te quiero, entonces fabrico una muralla entre tú y yo que te proteja de mí.

231

Mi conducta hiriente sale de mí, pero antes de llegar a ti, choca con el muro que yo construí y, ¡oh sorpresa!, *el muro se transforma en un espejo* y esta actitud hostil se vuelve hacia mí.

Recibo de mí mismo la actitud destructiva que había generado frente a tu conducta.

Esto es la retroflexión.

Me hago a mí mismo lo que quisiera hacerles a los demás. Retroflexionar es dañarme para no dañarte, acariciarme para no acariciarte, mirarme para no mirarte, matarme para no matarte.

Hay maneras evidentes de autohostilizarme y maneras sucias. Creo que las dos formas típicas de autoagresión hostil escondida, que tenemos con nosotros mismos, son la depresión y la culpa.

¿Cómo?

La culpa (identificación con la exigencia del otro) en realidad, carece de energía propia. La culpa es la retroflexión del resentimiento.

Si cada vez que me siento culpable frente a alguien busco dentro de mí, encontraré el resentimiento que tengo escondido para con esa persona.

Y si consigo sacarlo de mí, si consigo resolver este resentimiento (como dice Perls: "la mordedura que no afloja"), si consigo deshacerme de la emoción guardada, mi sentimiento de culpa termina.

Podré seguir apenado o triste o dolorido, pero no me sentiré culpable.

En el consultorio, ya sea durante las sesiones individuales, grupales o en los laboratorios, gran parte de los ejercicios teatralizados tienden a permitir la evacuación de estos resentimientos. Tanto con los padres como con la pareja, estos resentimientos son verdaderas gestalts abiertas, situaciones inconclusas que impiden la emoción auténtica del aquí y ahora con el otro.

Dicho sea de paso, creo que este punto es el único (y no por eso poco importante), el único avance real que hemos hecho en relación con la educación de nuestros hijos.

Creo que seguimos (y seguiremos) cometiendo errores para con nuestros hijos que, de alguna manera, los dañarán. Sin embargo, a diferencia de nuestros padres o abuelos, siento que nuestra generación permite a los niños la rebeldía. Nosotros no forzamos a nuestros hijos a retroflexionar su rabia.

Y creo, además, que este permiso de rebeldía es lo que los salvará de nosotros.

Ningún padre puede evitar cometer errores cuando educa. Siempre digo antipáticamente que "la educación no es democrática". Educar es también frustrar. Cuando le enseño a mi hijo a hacer pipí en el inodoro, en forma inevitable lo estoy privando de una sensación que para él es placentera.

Socializar se parece a veces a domesticar.

¿Qué quiere decir esto? ¿Condenamos a nuestros hijos a estar mañana sobre un almohadón, frente a un terapeuta, hablando mal de nosotros?

Es probable.

Si así fuera, no sería para mí tan grave.

De todas maneras, yo siento que ya que no podemos evitar dañarlos, nuestra única responsabilidad (además de avalarles la rebeldía), repito: la única responsabilidad respecto a este daño, es compensarlos.

¿Qué es compensarlos?

Amarlos, dejarlos que sepan de nuestro amor y, ¿por qué no?, "malcriarlos" de vez en cuando.

Carta 52

Querida Claudia:

Yo siento que todo lo que he leído me ha servido.

Leer un libro es recorrer un camino. Hay caminos atractivos, caminos aburridos, caminos fáciles y caminos tortuosos. Hay caminos que conducen a lugares hermosos y caminos que no conducen a ninguna parte.

Leer un libro es penetrar en otro mundo. Hay mundos nuevos y diferentes, llenos de cosas originales y fascinantes esperando ser descubiertos y también mundos repetidos y mediocres donde todo es igual, parejo y sin matices. Hay mundos para visitar una sola vez y otros adonde siempre queremos retornar.

Leer un libro es como conocer a otra persona. Hay personas que me atraen desde el primer momento, que ya desde el mínimo contacto me atrapan y cautivan. Hay personas que parecen insulsas y sin valores, hasta que me adentro más en ellas y comienzo a disfrutarlas. Hay personas simples y transparentes y también hay personas retorcidas, complicadas y elitistas. Hay personas cuyo solo contacto me enriquece y hay otras que pueden aportarme en verdad poca cosa. Felizmente, también hay personas tan trascendentes como para modificar mi vida. Si yo tuviera que mencionar los libros que cambiaron mi vida, esa lista sería más o menos así:

La libertad primera y última, de Jiddu Krishnamurti

El libro del Ello, de Georg Groddeck

Palabras a mí mismo, de Hugh Prather

Dentro y fuera del bote de basura, de Fritz Perls

El Principito, de Antoine de Saint-Exupéry

No empujes el río, de Barry Stevens

El viejo y el mar, de Ernest Hemingway

El enfoque gestáltico, de Fritz Perls

Un mundo feliz, de Aldous Huxley

Qué dice usted después de decir Hola, de Eric Berne

Vivir, amar y aprender, de Leo Buscaglia

Demián, de Hermann Hesse

El proceso de convertirse en persona, de Carl Rogers

El proceso creativo, de J. Zinker

Rebelión en la granja, de George Orwell

Las enseñanzas de Don Juan, de Carlos Castaneda

Juegos que juega la gente, de Eric Berne

Tener o Ser, de Erich Fromm

Voces, de Antonio Porchia

La casa redonda, de A. Stalli

Sueños y Existencia, de Fritz Perls

Todos somos uno, de W. Schultz

Tao: los tres tesoros, Bagwan Rajneesh

El piloto ciego y otros relatos, Giovanni Pappini

Tengo por todos estos libros un amor inmenso. Los leo y releo, me deleito y relamo. Los recomiendo y los regalo permanentemente. Tengo con estos libros un deseo muy especial: ¡me gustaría que los leyeras tú!

Carta 53

atascamiento. Aparece entonces un nuevo problema: la
competencia y la hostilidad (estamos en plena posguerra mundial). De la mano de Karen Horney y otros, la
humanidad se enfrenta con el tema y lo resuelve.
En la década 1955-1965, el punto conflictivo de la
humanidad parece centrarse en el sí mismo. El hombre
descubre su vanidad. Al salir de su necesidad de culpa,

Claudia:

Lo que pasa es que la problemática fundamental de
la humanidad ha ido variando con el paso del tiempo. Por supuesto, gracias a que (mucho más allá de los
individuos) las distintas corrientes psicológicas y filosó-
ficas de la psicoterapia han influido sobre la sociedad.

Cuando Freud comienza a elaborar su teoría psicoanalítica, en las primeras décadas del siglo XX, la problemática fundamental de la humanidad era la repre-
sión sexual. No es casual, por ende, que el psicoanálisis
focalice la génesis y el tratamiento de los trastornos psí-
quicos en el área sexual. Y haga pasar por allí lo sexual
y lo no sexual. A tal punto, que necesitó redefinir la sexualidad para incluir en el concepto de libido toda la
energía psíquica relacionada o no con la genitalidad.

Durante la década siguiente (hasta los cuarenta),
esta problemática es superada por la humanidad (sin lugar a dudas, en gran medida por la contribución freudiana) y aparece entonces un nuevo foco: los sentimientos
de inferioridad y culpa.

El mundo científico, ocupado en la psicología y terapéutica, se focaliza entonces en esa problemática y,

con terapeutas de la talla de Otto Rank a la cabeza, trabaja sobre el tema.

Otros diez años le llevará al hombre resolver este atascamiento. Aparece entonces un nuevo problema: la competencia y la hostilidad (estamos en plena posguerra mundial). De la mano de Karen Horney y otros, la humanidad se enfrenta con el tema y lo resuelve.

En la década 1955-1965, el punto conflictivo de la humanidad parece centrarse en el sí mismo. El hombre descubre su vanidad. Al salir de su necesidad de poder y frente al evidente fracaso de la sociedad industrial, que le aseguraba la felicidad desde el tener (Erich Fromm), el ser humano se da cuenta de lo que no es. Descubre sus vacíos interiores y su problemática se concreta. La realidad de lo obvio se impone. Rogers, Fromm y otros se ocupan con maestría del tema.

Como era de esperar, el siguiente giro es el resultado de la resolución del anterior. Resuelta la conflictiva de yo-conmigo y nuestro intento de confrontamiento, descubrimos nuestra dificultad para convivir con el deseo y con el sentir.

Aquí aparece Fritz Perls, quien habla de dos maneras de conectarse con el mundo: una intelectual, lógica, racional: el *pensar* y la otra vivencial, sentida e intuitiva: el *darse cuenta*.

Al privilegiar esta última, la gestalt quiere recuperar para el individuo su capacidad de darse cuenta, sin computar en forma lógica su realidad.

El psicodrama de Moreno y el análisis transaccional son manifestaciones diferentes de la misma intención.

Llegamos así a nuestra década, los ochenta. A mi

criterio, la problemática básica de la humanidad ha vuelto a girar.

Creo que, en este momento, la humanidad se enfrenta a un desafío diferente: la comunicación.

Asegurar esto no significa que ya nadie padece problemas sexuales, o de inferioridad, o de competencia. Sólo significa que, fundamentalmente, esta incomunicación (aislamiento, ritos, egolatría, superficialidad) es la base sobre la que debemos trabajar terapéuticamente.

Quizá algún nuevo genio deba nacer en estos años para ocuparse del tema, pero no olvidemos que, mientras tanto, contamos con los aportes de Pichón Rivière, Perls, Berne, Moreno y cientos de otros que nos han legado armas importantísimas para trabajar este asunto.

¿Qué es la comunicación?

Comunicación es entrar en contacto con un otro. Un otro que, obviamente, por ser un otro es diferente.

Dicho de otra manera: es imprescindible que seas diferente para que podamos encontrarnos y comunicarnos. Son nuestras diferencias las que nos permiten contactar nuestras diferencias y *no* nuestras semejanzas.

¿Cómo?

Imaginemos que tú y yo somos idénticos.

Imaginemos que no hay ninguna diferencia entre tú y yo, y que no hay posibilidad de que las haya.

Si así fuera... ¿qué puedo decirte que no sepas de antes?, ¿qué puedes aportarme que yo no haya visto?, ¿qué crecimiento puedes generar en mí?, ¿qué idea de vida diferente puedes acercarme desde nuestra identidad?

Lo que está sucediendo en esta fantasía es que tú y yo no somos dos: somos uno. Y por ello no hay comunicación entre los dos.

Esto me conecta con el tema de los límites.

Cierro los ojos y te imagino con el brazo extendido hacia mí, con la palma abierta y los dedos extendidos. Apoyo mi palma sobre la tuya... Bien, hay un límite entre tu mano y la mía que está determinado por las capas superficiales de nuestra piel.

Te pregunto: ¿ese límite nos une o nos separa?

Parece claro que nos separa. Sin embargo, estamos más cerca así que si tú estuvieras en la otra habitación.

Plantéatelo de otra manera: las fronteras... ¿nos unen o nos separan de los países vecinos?

Ahora surge la claridad de la paradójica respuesta: los límites nos unen y nos separan.

Recuerdo ahora mi sorpresa cuando descubrí que en castellano una misma palabra: la palabra "cerca", definía "proximidad" y también un elemento de "separación", de "diferenciación".

Pues bien, cuando soy capaz de poner claros límites en mi relación con el otro, cuando mi intención no es mimetizarme contigo, sino acercarme desde nuestras diferencias. Cuando no tengo intención de invadirte y mucho menos, de permitirte que me invadas.

Cuando sé hasta dónde.

Entonces, y hasta entonces, creo estar en condiciones de comunicarme contigo.

Carta 54

Amorosa:

Hoy recordaba: hace tres años desde aquella primera carta que te mandé, donde te hablaba de mi bisabuelo.

¡Cuántas cosas han pasado en tu vida, en la mía, en nuestra vida!

Desde mí, me veo creciendo. Me doy cuenta de los cientos de cosas que he aprendido, los miles de cosas que he reaprendido (porque las había olvidado) y, sobre todo, los millones de cosas que he desaprendido (porque las había aprendido mal).

¿Sabes?, eso es crecer: aprender, reaprender y desaprender.

Hace algunos meses, leyendo a Vitus Dröesler, el biólogo, me encontré con una exposición que me aclaró un montón de cosas. Explica Dröesler que todos los seres vivos crecen desde su nacimiento a un ritmo vertiginoso, luego ese ritmo se vuelve más lento, hasta que el crecimiento se detiene. Lo novedoso para mí fue enterarme de que estaba claro para la ciencia de hoy que, en el mismo instante en que se deja de crecer, en ese mismo momento se comienza a envejecer.

Muy lentamente primero y vertiginosamente sobre el final de su vida natural, hasta su muerte.

¡En el mismo instante!

Esto significa que la famosa madurez o plenitud de la vida, no existe en el tiempo.

Significa que todos los seres vivos estamos creciendo o envejeciendo, ¡y este último proceso es irreversible!

El ser humano termina con su crecimiento entre los veinticinco y veintiocho años y desde allí en adelante, ¡ENVEJECE!

¡Qué viejo estoy! Llevo ya por lo menos ocho años envejeciendo. Lo maravilloso de haber leído esto fue darme cuenta de que, si esto sucede en el aspecto físico-orgánico, no es menos cierto que en el aspecto psíquico, mental o espiritual, pasa exactamente lo mismo. Cuando dejamos de crecer, empezamos a envejecer.

Por fortuna, hay una diferencia.

En el área espiritual, el proceso es reversible o por lo menos, detenible.

Un viejo chiste dice: "Cuando esté en un callejón sin salida, salga por donde entró".

Entramos en nuestro envejecimiento espiritual dejando de crecer, dejando de aprender, reaprender y desaprender, dejando de vibrar con las cosas nuevas, dejando de arriesgar.

Pues bien, estamos envejeciendo. ¡Pero la fuente de la juventud está en nuestras manos!

No hay envejecimiento durante el crecimiento.

Por lo tanto, si seguimos creciendo, si a lo largo de nuestra vida no dejamos de crecer, ¡entonces nuestro espíritu no envejecerá jamás!

Carta 55

Estoy sentado, escribiendo frente a la ventana.

Llueve. Veo caer el agua, jugar y salpicar... cierro los ojos.

Me gustaría ser agua...

Soy el agua de la lluvia. Caigo sobre los sembrados. Me aman las plantas a las que calmo la sed. Me ama la tierra a la cual mantengo viva y fértil; me aman los hombres que viven en esa tierra y de esa tierra. Me odian los veraneantes de la playa, me odian los animales desamparados que vagan por las calles...

Soy el agua en un estanque. Aquí estoy, esperando ser utilizada. Sirvo para refrescar a los campesinos y para bañar a los animales. No soy apta para ser bebida porque estoy sucia y contaminada, demasiado tiempo quieta.

Soy el agua de las lágrimas de un niño.

Soy la expresión más auténtica de la emoción, soy el reclamo de los únicos afectos incondicionales. Soy el símbolo de la alegría y de la pena.

Soy el agua de un río caudaloso.

Soy el hogar de miles de peces, soy el movimiento de la naturaleza, soy el ruido del bosque y la pradera. Soy el dulce que será sal mañana, cuando llegue al mar.

Soy el agua de una fuente cristalina, soy la bañera de un montón de pajaritos, soy el trago que cancela la sed del caminante, soy la transparencia de la claridad del día. Soy el símbolo más claro del fluir y de la vida.

A veces soy vapor y a veces hielo.

Y en todas estas formas de ser: soy útil, soy inútil y hasta a veces soy dañina.

Porque nunca trato de ser lo que no soy. Porque admito ser la parte y no el todo. Porque soy muchas cosas y una sola.

Porque no soy más de lo que soy.

Pero tampoco menos.

Epílogo

Sé que podría seguir escribiéndote el resto de mi vida... Sé que siempre encontraría algo para decirte... algo para contarte... algo para compartir contigo... Sé que si volviera a escribir sobre algunas cosas que te dije, escribiría todo lo contrario... Sé que sigo creciendo y que podría seguir participándote de mi crecimiento...

Y quizá lo haga.

Pero hoy...

hoy tengo ganas de despedirme de ti.

De *esta tú*.

No de *toda* tú.

De *esta* tú que lees mis cartas.

Y, como de costumbre...

Siento que mis despedidas son definitivas. Siento que mis despedidas son *siempre* para siempre.

¡Vivan las redundancias!

Este libro es redondo.

Termina tal como comenzó hace tres años, con la oración gestáltica de Fritz Perls.

Siento que es la gran llave de las relaciones entre las personas.

Creo que si pudiéramos enseñar esta oración a todos los seres humanos sobre la tierra y consiguiéramos que la recitaran con la convicción total que sólo puede dar la identificación con lo que se dice si yo pudiera actuar de acuerdo con estas pocas palabras.

Entonces...

mis problemas

mis preocupaciones

mis ansiedades

mis decepciones

mis miedos

mis desamores

mis peleas

mis peores cosas para con los otros DESAPARECERÍAN.

La oración gestáltica de Fritz, según yo mismo, dice:

Yo soy yo

Tú eres tú

Yo no estoy en este mundo

Para llenar todas tus expectativas

Y sé

Que tú no estás en este mundo

Para llenar todas las mías

Porque yo soy yo

Y tú eres tú

Y cuando tú y yo nos encontramos

Es hermoso

Y cuando encontrándonos, no nos encontramos

No hay nada que hacer

¡Gracias!

Gracias y chao...

Esta obra fue impresa en el mes de agosto de 2000
en los talleres de Lithoimpresora Portales, S.A. de C.V.,
que se localizan en la calle de Canarias 103,
colonia Portales, en la ciudad de México, D.F.
La encuadernación de los ejemplares se hizo
en los talleres de Dinámica de Acabado Editorial, S.A. de C.V.,
que se localizan en la calle de Centeno 4-B,
colonia Granjas Esmeralda, en la ciudad de México, D.F.